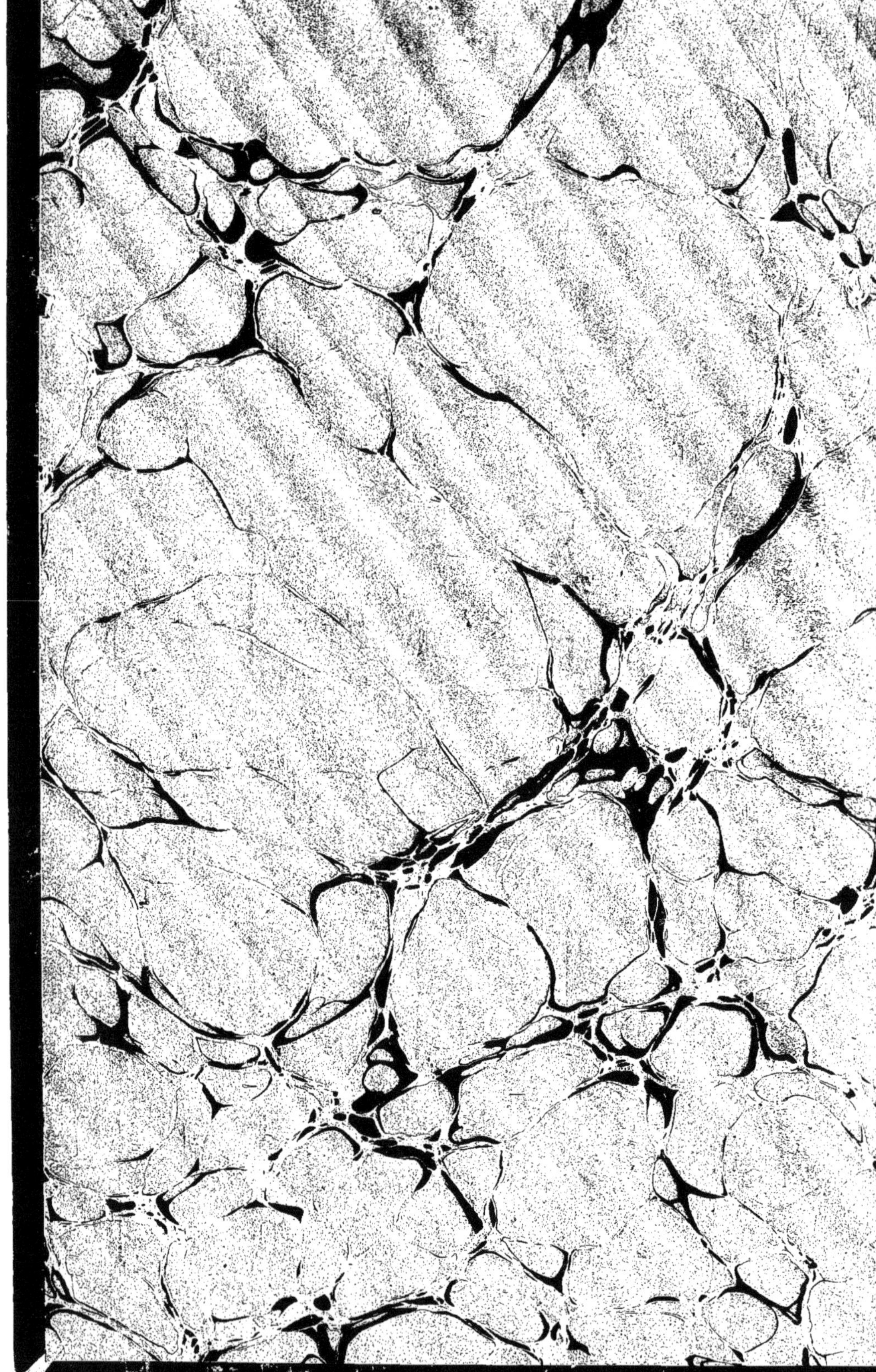

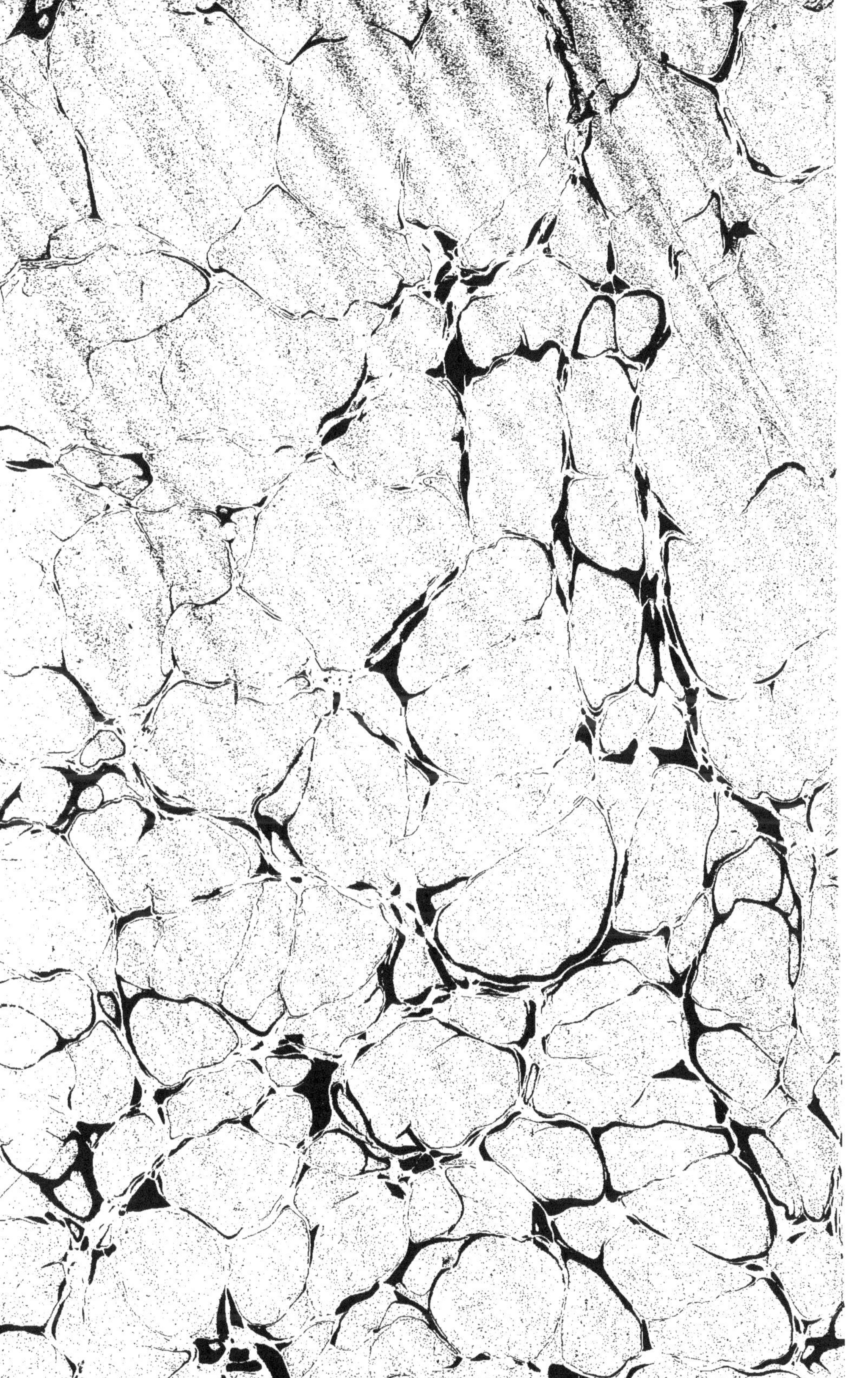

PAUL ROBERT

EN TERRE SAINTE

NOTES ET CROQUIS D'UN PEINTRE

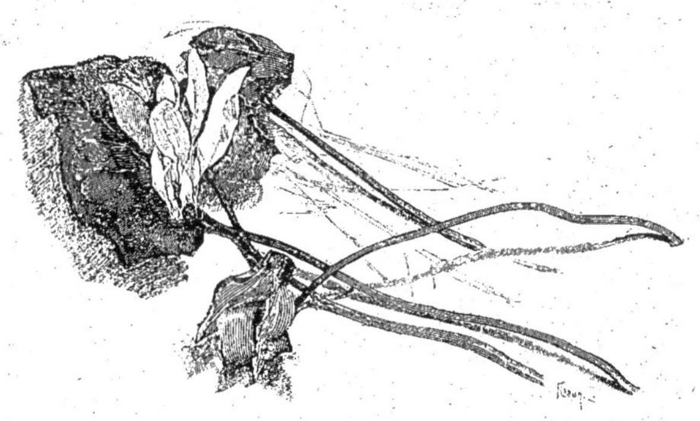

LAUSANNE
HENRI MIGNOT, ÉDITEUR
17, Pré-du-Marché.

PARIS
GRASSART, LIBRAIRE-ÉDITEUR
2, rue de la Paix.

1893

EN TERRE SAINTE

CET OUVRAGE A ÉTÉ IMPRIMÉ
PAR M. CH. VIRET-GENTON, A LAUSANNE
LES DESSINS ORIGINAUX DE L'AUTEUR ONT ÉTÉ REPRODUITS,
CEUX DANS LE TEXTE, EN GRAVURE SUR BOIS PAR M. FLORIAN, A PARIS
ET EN ZINCOGRAPHIE PAR MM. THÉVOZ ET Cie, A GENÈVE
ET MM. VERDOUX, DUCOURTIOUX ET HUILLARD, A PARIS;
LES AUTRES, EN PHOTOCOLLOGRAPHIE
PAR MM. THÉVOZ ET Cie.

Le mont des Oliviers et les mosquées vus du mont de Sion.

Le mont des Oliviers et les mosquées vus du mont de Sion.

PAUL ROBERT

EN TERRE SAINTE

NOTES ET CROQUIS D'UN PEINTRE

LAUSANNE
HENRI MIGNOT, ÉDITEUR
17, Pré-du-Marché.

PARIS
GRASSART, LIBRAIRE-ÉDITEUR
2, rue de la Paix.

1893

A Monsieur Félix Bovet.

Lorsque je vous annonçai mon désir de voir la Terre Sainte, vous fûtes si bon pour moi, vos directions, la sincérité et la chaleur de votre intérêt me furent si utiles, que je devins votre débiteur. Votre indulgence me permet de vous offrir ce volume en témoignage de gratitude. Vous et moi aimons ce beau, ce cher pays. Vous en avez parlé en maître de la plume, laissez-moi vous en parler en peintre qui s'essaye à écrire.

Au Ried sur Bienne, le 21 septembre 1891.

PAUL ROBERT

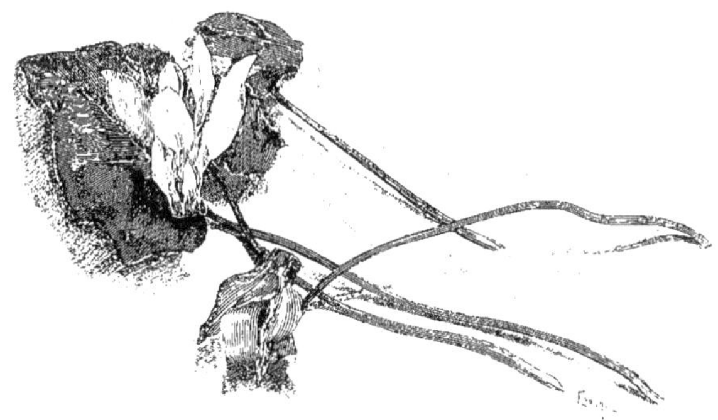

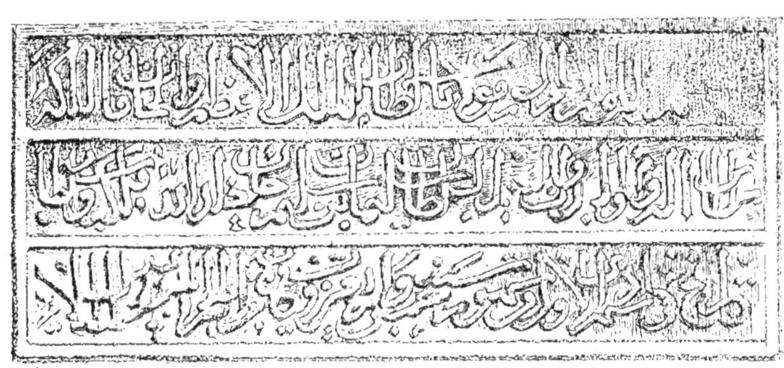

PRÉFACE

La locomotive vient de faire son entrée en Palestine.

Qui dit locomotive, dit machine, et là où la machine pénètre, la fabrique n'est pas loin de se construire. Nous ne savons que trop, hélas! ce que, au point de vue moral et artistique, la fabrique a accompli dans notre Occident, tuant l'indépendance de l'artisan par une concurrence écrasante, également préjudiciable à l'art et à la vie de famille. L'industrie de la machine a bouleversé les conditions économiques et morales de la société, sans les améliorer, et a fait tarir les sources de l'individualisme et du génie national.

L'Asie, qui est le berceau de l'humanité, est en même temps de tous les continents le plus réfractaire à la civilisation moderne; mais qu'elle laisse pénétrer dans ses flancs et jusqu'au cœur de ses mystérieux empires ce sang nouveau que l'Europe cherche à lui inoculer, qu'elle accepte cet agent révolutionnaire par excellence qui est la vapeur, nous la verrons bientôt, sous l'action de cette puissance, perdre, avec sa force de résistance, l'antique respect de ses traditions, l'originalité de son génie et la plupart des traits de sa physionomie. Sur cette pente se transformeront les mœurs, l'architecture, le meuble, l'ustensile, le costume.

Nous sommes parvenus à l'heure où il faut saisir ces traits, si nous voulons en laisser le souvenir à nos enfants. Ce n'est pas que, actuellement déjà, beaucoup de choses aient changé en Terre Sainte, sauf la nouvelle ville construite depuis 1860, autour des murs de la vieille Jérusalem. Mais la brèche est faite à la digue, ensorte que d'ici à vingt ans, il faudra renoncer à vouloir retrouver ce que l'on voit encore aujourd'hui, à moins d'errer dans les campagnes, où le charme poétique et le pittoresque de la vie patriarcale et simple de l'Orient se réfugieront pour un temps plus prolongé.

Un autre événement attire l'attention vers ce point du globe, c'est la question juive, de jour en jour plus actuelle et plus palpitante. Depuis que la malencontreuse croisade de saint Louis a dû abandonner la Palestine entre les serres du Musulman, l'Europe chrétienne l'a comme reniée; mais, au travers d'angoisses, de difficultés, de convulsions inouïes, le peuple israélite reconquiert la place qui lui est assignée à la tête des nations.

Enfin, pour un troisième motif, notre modeste ouvrage nous paraît avoir droit à l'existence: la Palestine sera toujours pour le croyant la Terre Sainte; elle n'a pas cessé de parler à son cœur, elle est pour lui presqu'un berceau, la demeure de ses ancêtres, le lieu de ses souvenirs les plus glorieux. Il aime à s'en entretenir; s'il ne l'a pas vue, il cherche à se la représenter. Il nous saura gré peut-être de lui offrir cette esquisse, dont quelques traits peuvent lui être inconnus.

Nous ne prétendons en aucune façon offrir à nos lecteurs un livre d'érudit. Peintre, nous avons vu en peintre et parlons comme un peintre. Croyant, nous avons laissé notre cœur s'émouvoir et nous ne craignons pas d'avouer notre émotion, parce qu'elle a été sincère, profonde, bienfaisante.

Il nous eût été doux de pouvoir donner par nos dessins une idée plus complète de tout ce qui nous a ravi là-bas, mais les circonstances ne nous ont pas laissé emporter autre chose que des croquis; et quant à ce langage éloquent, divin, la couleur, impossible de le traduire. Nous devons à notre ami, Monsieur Henri de Rodt, qui a fait le voyage avant nous, et qui a mis très aimablement ses études à notre disposition, une part de collaboration dans cette partie du travail.

Si notre effort peut faire partager à d'autres nos impressions, nos joies et nos salutaires émotions, notre but aura été atteint; nous serons heureux d'avoir contribué à exciter la sympathie en faveur de ce pays des pays.

Au Ried sur Bienne, le 21 septembre 1891.

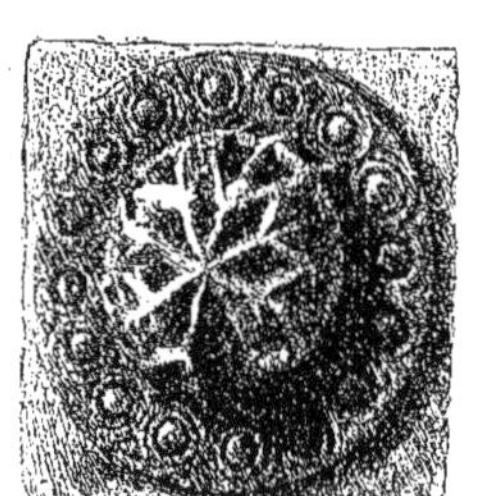

EN MER

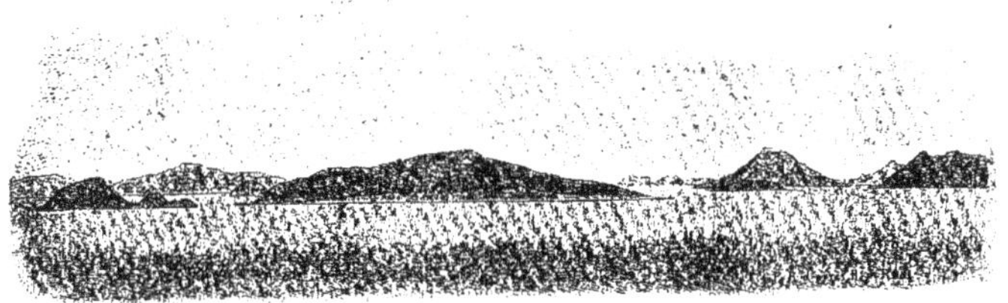

ILES DE L'ARCHIPEL

CHAPITRE PREMIER

En Mer.

Je ferai grâce au lecteur des premières pages de mon journal écrites sur le seuil de l'Orient, au moment d'entrer dans les eaux azurées de la Grèce. Pourtant je ne puis pas ne pas parler de l'étonnement que me reservait l'arrêt de la *Junon* dans la rade de Corfou, à la vue de ce flot tumultueux d'une foule de voyageurs affairés, Grecs, Turcs, Albanais, Monténégrins (dans le nombre le pacha de Janina avec son escorte, son moufti et son harem) qui, après un silence solennel, à la tombée de la nuit, et sur le commandement du capitaine, envahissent l'entrepont du paquebot et viennent offrir en un clin d'œil le spectacle le plus étrange, le plus bizarre qui se puisse inventer, de la plus extrême confusion dans la calme sérénité d'une nuit d'Orient. Impossible aussi d'oublier la première vision des crêtes du Péloponèse baignées dans ces cataractes de lumière irisée propres au pays du Midi. A droite, à gauche, les flancs escarpés d'Ithaque, de Céphalonie, de Zante. L'air est tiède, l'horizon devant nous immense, la mer toute scintillante. Des dauphins nous précèdent en folâtrant et font glisser leur croupe de bronze poli hors du miroir de l'eau.

RHODES

C'est entraîné dans cette ivresse de la nature que j'approche de la capitale du monde des arts. Athènes, au front de laquelle apparaissent l'Acropole et ses temples comme un diadème, est elle-même couchée mollement, royalement, dans ses verdoyants bocages d'orangers, de lauriers, d'oliviers, qui rehaussent par leur sombre verdure l'éclat de la cité au milieu d'une vaste plaine, majestueusement encadrée par l'Hymète et le Pentélique.

Egine, Syra, Chio, les côtes de l'Asie-Mineure, Smyrne,

avec sa baie admirable, l'animation de son port, sa population bigarrée, ses files de chameaux, ses bazars, ses cimetières, auxquels des forêts de cyprès séculaires servent de dais mortuaire, Milet, Patmos, avec les souvenirs des plus grands apôtres, la contrée d'Ephèse, Rhodes, Chypre, enfin, le Liban... que tout cela donne à penser !

J'écrivais en date du 28 octobre 1883 : « Les mots ne suffisent plus pour décrire la limpidité de l'atmosphère et les beautés de cette mer Egée toute parsemée d'îles et d'îlots. Leurs formes sculpturales, leur végétation, là où il y en a, et jusqu'à l'aridité des roches calcaires ont une poésie vraiment épique. Patmos, enchâssée comme une perle dans une mer de saphir, peut bien avoir prêté quelques couleurs à l'apôtre inspiré, pour dépeindre la nouvelle Jérusalem qui vient d'auprès de Dieu, parée comme une épouse.

Et, si les mots font défaut pour exprimer le charme de cette nature, que dire des hommes ? Au premier abord, ce monde si différent du nôtre produit une espèce d'éblouissement. L'esprit est violemment sollicité de tous les côtés à la fois et, pour résister à une fatigue excessive, il faut forcément restreindre sa curiosité. Dans ces types expressifs, ces attitudes pleines de grâce ou de dignité, ces costumes beaux par la couleur et par la forme, on reconnaît les races et presque la figure des héros des anciens âges. Du Pirée à Smyrne, nous avions à bord une foule de Grecs, aux allures et aux traits rappelant les chefs-d'œuvre de l'art antique. Leur mine ouverte, intelligente, leur gaîté, leur facilité à s'emporter pour une bagatelle, et à vociférer avec les gestes les plus tragiques, c'est ce qu'ils ont hérité de leurs pères.

A Smyrne, nous embarquons un grand nombre de passagers qui viennent de Constantinople. Autres types, autres réflexions. L'élément turc et l'élément juif dominent. C'est une tout autre couleur. C'est le flegme et la mollesse d'une part et la misère de l'autre. Nos Israélites fuient de Russie et de Hongrie et vont chercher un asile parmi leurs coreligionnaires de Palestine. L'un d'entr'eux est un vieillard qui, après bien d'autres, désabusé de ce monde, va mourir à Jérusalem pour y être enterré auprès des sépulcres de ses aïeux.

Le fils de Raouf pacha, gouverneur de la Palestine, jeune homme de vingt ans, est à l'entrepont parmi les voyageurs de troisième, qui sont tous Orientaux. Il se laisse aborder et cause fort bien en français. Il fait ses études dans les universités d'Occident et en emporte tout ce qui est compatible avec la politique musulmane. En fait de religion, d'économie politique, il a pu tout connaître, mais il se montre parfaitement sceptique à l'égard de tout ce qui ne rentre pas dans le cadre des institutions turques. Le fils d'un pacha peut y avoir plus d'intérêt que beaucoup d'autres.

Par une glorieuse matinée d'octobre, Beyrouth se découvrait à nos regards, adossée aux flancs mouvementés du Liban. Embellie par ses forêts de pins, ses pampres et ses oliviers, la chaîne s'élève assez rapidement de la mer jusqu'à la cime du Sannîn, haut de 2600 mètres. Nous avions vu Smyrne comme un entassement compact de maisons, tout hérissé de longs minarets et couronné par les cyprès de ses cimetières. Beyrouth, moins orientale, déjà très européenne, est semée dans un vaste jardin. Beyrouth est une ville de 80 000 âmes, port de Damas et centre du commerce de la Syrie. Catholiques et protestants y ont établi à l'envi de grandes maisons d'éducation. Il s'y trouve une faculté de médecine, un séminaire théologique, une école supérieure de jeunes filles, des orphelinats, plusieurs imprimeries. L'Eglise de Rome surtout y déploie une activité considérable.

Après une halte de trente heures, nous sortons de la rade comme d'une fournaise allumée par un flamboyant coucher de soleil. Le Liban, pour nous révéler encore une autre de ses gloires, se teint d'écarlate. Bientôt la nuit ne nous le laisse plus distinguer que comme une haute muraille crénelée. L'atmosphère est d'une serre chaude, le firmament prodigue d'étoiles. Au travers des flots d'un outremer profond, le sillage de notre paquebot projette une fusée d'étincelles. A l'aube, nous saluons les collines de Nazareth, la baie de Saint-Jean d'Acre, le Carmel. Le cœur bat plus vite.

Une longue haie de palmiers et de figuiers nous masque la vue de la plaine d'Esdraëlon, où nous verrons plus tard Jizréel, Engannim, Guilboa, Sunem et le Kison. Pendant l'arrêt d'une heure, nous nous amusons à suivre des yeux les chameaux qui apportent au marché de Haïfa le célèbre blé du Haourân. Mais que vois-je? la fabrique, l'usine, la villa... Ici? Fi donc!... Ces maisons carrées, ces toits rouges, cette rue droite comme un I qui monte insensiblement de la mer au pied du Carmel font à un kilomètre de distance l'effet d'une affreuse tache sur un beau tapis; c'est la colonie allemande du Temple. Un mot seulement à son sujet.

Cette entreprise, due à l'initiative du pasteur wurtembergeois Hoffmann, a pour but de préparer le rassemblement des chrétiens en Palestine. La tentative de ces colons peut avoir sa raison d'être; non seulement leurs efforts pour améliorer l'agriculture ont été couronnés de succès, en dépit des obstacles que leur oppose l'administration turque, mais leur exemple a été suivi dans une certaine mesure par la population indigène, et déjà l'on constate un progrès sensible dans la productivité du sol en Terre-Sainte. Malheureusement, l'impiété a amené là aussi les vices qu'elle engendre ailleurs, en particulier l'ivrognerie, les désordres et les divisions, et il est à craindre que ce ne soit là qu'un premier coup porté à la prospérité de cette association.

De Haïfa, nous avons encore huit heures pour repasser dans notre mémoire les souvenirs qui se rapportent à cette côte et à Césarée; à quatre heures de l'après-midi, nous jetterons l'ancre devant Jaffa.

DE JAFFA A JÉRUSALEM

CHAPITRE II

De Jaffa à Jérusalem.

Le débarquement à Jaffa s'effectue rarement, comme on le sait, sans épisodes à sensation. Quand la mer est bonne partout ailleurs, elle est encore assez houleuse le long de cette côte pour rendre périlleux le transbordement des gens et des choses. L'ancre fixe le steamer à cinq cents mètres du bord. A cause du choléra qui sévit en Egypte, une commission sanitaire vient faire une inspection, au moins pour la forme. A un signal donné, vingt ou trente barques quittent le port et, comme des vautours attirés par l'appât d'une proie, elles auront, en peu d'instants, volé jusqu'à nous et cerneront le vapeur en se heurtant avec violence, comme une troupe de Liliputiens en furie. Il est grand temps de mettre en ordre ses colis, car la cohue va être fantastique. Bousculé, poussé, porté, sauvant à grand'peine son bagage et celui de ses amis, assourdi par les cris infernaux des bateliers arabes et nègres qui se disputent la faveur de nous rendre un service, on arrive avec des battements de cœur, et comme par miracle, par l'escalier extérieur jusque dans le caïque qui danse comme un possédé sur les vagues. Les Arabes courent comme des chats d'un bateau à l'autre, mais, pour mes amis et moi, nous sommes enchantés de nous asseoir. Cependant, ce n'est pas tout. Il s'agit d'atterrir. Avec la lame qui va vomir son écume sur les écueils, il faut s'élancer d'un bond par un étroit défilé dans le port que la nature a clôturé elle-même au moyen d'une chaîne presqu'ininterrompue de récifs. Les rameurs crispent leurs membres... dix coups d'aviron... et la proue du caïque va s'enfoncer dans le sable de la Terre-Sainte. A ce moment solennel, les yeux du croyant se remplissent de larmes...

Pour le peintre aussi un ravissement indicible commence. Les tableaux qui s'offrent à sa vue sont aussi nouveaux qu'ils sont nombreux et aussi pittoresques qu'ils sont variés. Mille pensées surgissent, mille réflexions s'ébauchent. Tout l'intéresse : les gens, les habits, les souliers, les ânes, les maisons, les fruits, les chameaux, les légumes, les palmiers, les boutiques, les tentures, les puits, les cafés, le ciel, la mer, la campagne, le clair-obscur, la couleur et tout le reste.

Des amis complaisants ont pris soin de mes bagages. Ils savent, sans doute, le moyen infaillible en Turquie pour simplifier la besogne des douaniers. Je me livre donc entièrement au plaisir de vivre et je m'en donne à mon saoûl, puis au coucher du soleil je me rends à cheval à l'hôtel Hardegg, dans la colonie allemande, à quelque distance de la ville ; là nous attendent une collation et des véhicules pour le trajet jusqu'à Jérusalem. Pendant qu'on prépare le repas, nous étudions, mes amis et moi, une grande et belle carte de la Palestine où sont indiquées, par une ligne colorée, les limites auxquelles parviendrait le canal projeté par une société américaine. Ce canal s'ouvrirait dans la baie de Saint-Jean d'Acre, passerait par Sepphoris, engloutirait le lac de Génézareth, le Ghôr, la Mer Morte et irait chercher, par l'Ouâdi el Araba, le bras oriental de la mer Rouge. On veut y voir l'accomplissement de la prophétie d'Ezéchiel XLVII et de Zacharie XIV. Je ne suis pas tout à fait de cet avis et me félicite de pouvoir aller chercher la trace de mon Sauveur sur le sol même qu'il a foulé de ses pieds.

A la nuit déjà close, nous sommes établis sur nos chars à bancs. Sur l'un je suis avec M. et Mme Palmer de l'institut Gobat, M. Müller, directeur actuel de la léproserie à Jérusalem ; sur l'autre sont montées quelques dames allemandes et suisses qui retournent dans leurs familles. Nos quatre haridelles partent au petit trot, le chemin est raboteux, et il n'est pas sûr que nous ayons des ressorts à notre carriole. Mais quel délice, après toutes les émotions de la journée, de faire trois lieues dans le silence d'une nuit douce et tout embaumée des senteurs de la grande campagne! Pendant une demi-heure, nous traversons des jardins plantés d'orangers, de figuiers, au-dessus desquels se balancent les palmes des dattiers. Assez longtemps, la route est flanquée de haies de cactus arborescents, puis l'horizon s'écarte, nous sommes en plaine, la fertile plaine de Saron. L'obscurité ne permet pas de distinguer nettement les objets, ni les plans; mais le cri des grillons, le firmament, les souvenirs en disent assez. De telles heures sont rares dans la vie d'un homme.

A dix heures et demie, nous frappons, à Ramlèh, à la porte d'un Allemand qui a quelques lits, des vivres et beaucoup de cordialité pour ses coreligionnaires en passage. Il nous réconforte et nous fournit l'immense plaisir de dormir dans un lit presqu'européen muni d'un moustiquaire en jolie mousseline blanche, ce qui est doublement apprécié après douze nuits de cabine. Au petit jour on est debout. Le ciel est d'une pureté exquise, l'air est à peu de chose près celui que l'on devait respirer dans le paradis. Mais hélas! auprès des voitures que l'on dispose sur la place, stationnent déjà six à huit lépreux des deux sexes, le visage, les mains et les pieds mutilés. Faut-il donc rencontrer de ces misères inénarrables dès les premiers pas sur le sol sacré de la terre des promesses? Le malheur paraît toujours plus horrible là où l'on ne s'attend pas à le rencontrer. Cela me faisait mal de ne pouvoir donner qu'une aumône à des malheureux que le Sauveur saurait encore aujourd'hui renvoyer guéris.

Ramlèh, fondée au VIIIe siècle par le kalife Soliman, n'a guère que sa tour carrée, à la porte en ogive et aux élégantes fenêtres, et sa mosquée, ancienne église des Croisés, pour retenir l'amateur d'antiquités, mais un peintre aura de la peine à se détacher de ce site.

Les fellahs sont au cueillage des olives; des troupeaux de chèvres noires sortent aux champs, à la recherche de quelques herbes desséchées qui estompent le versant des collines. C'est la fin de l'été; le soleil a tout brûlé, mais la saison des pluies rendra à la plaine de Saron la prodigieuse fertilité que lui reconnaît la Bible. De gracieuses ondulations amènent peu à peu le pays plat jusqu'aux monts de Juda, qui ferment l'horizon à l'Est.

Dans ce cadre si simple, chaque épisode de la vie arabe compose un tableau du pittoresque le plus achevé. Ici, c'est un cavalier lancé au galop de son cheval, le keffiyé et le manteau au vent, le mousquet en sautoir, les souliers de cuir rouge bien campés dans de larges étriers. Plus loin, c'est une caravane. Chameaux et ânes sont pesamment chargés de légumes ou de sacs aux raies jaunes et brunes. Ailleurs, des femmes vêtues d'une simple chemise

FEMME FELLAH

de grosse toile bleue courent à petits pas et pieds nus à travers les rocailles et les épines. Ce sont les pourvoyeuses de combustible, et, certes, dans ce pays déboisé, ce n'est pas une besogne facile que d'aller quérir, à de grandes distances souvent, les charges de racines que nous voyons apportées sans effort apparent sur la tête de ces robustes paysannes. Nous dépassons aussi des groupes d'indigènes corvéables occupés à améliorer la route, et d'enfants nus ou à demi-nus accourant à notre rencontre aux cris de : Bakhchîch yâ khoouàdja ! Un présent, monsieur ! Cette dissonance ne parvient que par sa fréquence à affaiblir un peu l'éclat de cette poésie rustique.

A dix heures, nous nous engageons dans les premiers replis des montagnes et arrivons bientôt au relai appelé Bab' el Oûad « Porte de la vallée, » où un Israélite tient une hôtellerie. Des équipages singuliers, des ânes, des chameaux encombrent la route. A gauche les moukaris et les chameliers, accroupis sur le sol, boivent gravement leur tasse de café à l'ombre d'un hangar. Après être descendus passablement endoloris de notre char à bancs, nous montons par un escalier sur une petite terrasse et pénétrons de là dans une chambre voûtée, blanchie à la chaux ; quelques chaises caduques, une table, un divan, une glace et quelques abominables lithographies de 1830 sont tout ce que l'on peut appeler mobilier. Bien que ce soit jour de sabbat, l'hôtelier met à notre disposition quelques assiettes sur lesquelles nous consommons nos provisions de route. On nous apprend que dans une pièce voisine se meurt un vieux Juif, tombé la veille de son char à quelque distance du relai. En effet, le malheureux est couché à terre sur une natte, ses membres sont déjà roidis par la mort, son frère accroupi près de lui humecte ses lèvres entr'ouvertes et attend son dernier souffle pour l'emporter. Par des analogies évidentes, cette scène me rappelle d'une manière frappante la parabole du bon Samaritain.

Après un repos d'une heure, gens et bêtes se remettent en route. Le courant d'air frais du défilé soulève la poussière, mais à mesure que nous nous élevons sur les sommets, la température s'adoucit. La montée est presqu'ininterrompue.... *nous montons à Jérusalem....* Le chemin, assez bon aux endroits où l'eau ne le ravine pas, est abominable partout où il est en pente. La végétation devient de plus en plus maigre. Des buissons de deux à quatre mètres tapissent bien les versants rocailleux et deviendraient des arbres, mais ils sont sujets turcs et par conséquent voués à la serpe et trop souvent à l'incendie, par incurie. Des caroubiers, des chênes-verts, des oliviers sauvages ombragent par ci par là des pâturages, où je vais caresser les vaches du pays, grandes comme nos veaux d'un an, toutes noires ou d'un brun marron et lamentablement maigres. Nous parvenons à un sommet couronné de bruyères et de touffes compactes de la petite épine de Judée. A peine pouvons-nous distinguer encore Jaffa et la mer au delà de la plaine de Saron. Mes premières impressions, mes souvenirs, cette Méditerranée avec sa magie, Athènes, Trieste.... la patrie, le foyer chéri semblent se confondre dans cet horizon d'un bleu tendre et tout vibrant de lumière. Il est midi. Le chemin monte encore, descend, remonte, serpente capricieusement, passe à Kiriath-Jéarim et nous amène vers les quatre heures à Koloniyé, dans la prétendue vallée des Térébinthes, où doit avoir eu lieu le duel de David et de Goliath. Encore un sommet à franchir et nous serons à Jérusalem.

Koloniyé est une véritable petite oasis. On y vient de la ville sainte à la rencontre des voyageurs. Aussi, pour saluer les nombreux arrivants, est-il descendu de Jérusalem un contingent de pères, de mères, de frères, de sœurs, d'enfants, de bébés. Etranger dans cette foule empressée, je me réjouis cependant du bonheur des autres. Les embrassements, les explosions de joie, les serrements de main, les présentations assaisonnent délicieusement la collation, offerte dans un restaurant d'assez bonne mine. Après cet intermezzo, on se disperse, chaque groupe s'en va l'un après l'autre, qui à cheval, qui à âne, qui en voiture. Pour moi qui désire savourer tranquillement les émotions de ce pèlerinage solennel, je refuse un cheval qui fait mine de m'enlever au galop. Je dis au revoir à mes compagnons de voyage et m'achemine seul et pédestrement vers Sion.

Rien n'avait encore ressemblé jusqu'ici à une terre maudite comme le paysage qui m'entourait : ce n'était que monceaux de pierres, bans de roche, murs éboulés,

BIRKET MAMILLA

tout cela dévoré, raviné, perforé, calciné par les intempéries. De loin en loin un olivier rabougri, dans les crevasses un peu d'herbe chétive, quelques épines et c'est tout, aussi loin que le regard se porte. C'est à croire que, pour mieux pleurer la ruine de la ville de David, la montagne s'est faite ruine elle-même. Il est vrai que ce sol désolé et désert reçoit, à l'heure où il me parle aussi éloquemment du passé, une caresse si tendre, l'astre radieux le colore de tons si délicats, que l'horreur du présent s'en trouve transfigurée. Le chapitre XXXV d'Esaïe s'impose à mon esprit. « Le désert refleurira encore comme un Carmel ! !... »

Emu, je m'approche du but de mon voyage. Je vais apercevoir Jérusalem... Malheureusement les nouveaux quartiers qui ont surgi depuis vingt ans le long de la route de Jaffa masquent la perspective de la muraille d'enceinte. C'est par le nord qu'il faudra dorénavant arriver, si l'on veut avoir la surprise du coup d'œil d'ensemble. Comme le tentacule avide de la pieuvre, cette artère de la cité sainte s'étire du côté de l'Europe pour en sucer la civilisation. Aussi prend-elle des proportions inouïes et, dans sa croissance rapide, absorbe-t-elle le mauvais avec le bon. Après les tours de garde à la mode antique, je rencontre la masure, puis la villa, les ruelles ignobles, les débits de boissons et les jardins anglais, les cafés élégants et les églises, les hôpitaux et les échoppes, les tentes des Bédouins et les hôtels. Distrait par cet aspect inattendu de Jérusalem, j'arrive sous l'ogive de la porte de Jaffa sans m'en douter. La circulation est considérable en cet endroit et à cette heure-là. Tandis que je m'occupe à faire porter mes bagages de la voiture, arrivée avant moi, à l'hôtel de la Méditerranée, qui se trouve à quelques pas de l'autre côté de la porte, des lépreux presqu'aussi mutilés que ceux de Ramlèh réclament aux nouveaux venus le tribut de la pitié.

Un monument fixe l'attention, à peine a-t-on pénétré dans l'enceinte. C'est une tour carrée, massive, de couleur sombre, d'aspect imposant, que l'on nomme généralement la tour de David et dont on croit savoir l'histoire. Elle fait partie de la forteresse et se trouve sur le sommet du mont de Sion. Nous pourrons la contempler à loisir de la salle à manger de l'hôtel, où je vais entrer. Mais auparavant il me faudra constater avec des sentiments bien mélangés que l'industrie détestable de notre Occident — je parle en peintre — fait un étalage pompeux de ses innombrables ressources dans la devanture d'un bazar dont le directeur est un excellent chrétien, attaché à la mission de Bâle. J'irai quérir là, à des prix doux et à l'aide de mon allemand, de la quincaillerie, des produits alimentaires, de la vaisselle, etc., etc. C'est très commode, mais j'ai peine à admettre cette invasion anti-artistique dans un milieu aussi foncièrement pittoresque. Hélas ! la fabrique broiera dans ses engrenages tout ce qui nous reste de beau et de poétique du passé ; il faut apprendre à en faire son deuil.

Le propriétaire de l'hôtel de la Méditerranée me reçoit, comme celui du bazar, en fort bon allemand et me conduit à ma chambre au second. Une minute pour le remercier et pour me reconnaître et déjà je suis à ma croisée, tout débordant de gratitude envers Dieu, parce que j'ai la joie d'être à Jérusalem. Je vois tout le mont des Oliviers, les mosquées, le Saint-Sépulcre, une bonne partie de la ville, baignés dans les lueurs du couchant. Je bois à longs traits dans cette coupe qu'un désir longtemps contenu avait souvent approchée de mes lèvres. Jésus, homme de douleur, revit dans les lieux qui l'ont entendu, qui l'ont vu, qui ont recueilli ses larmes et son sang. Ce ciel-là, en face de moi, est celui qu'il a traversé victorieusement pour monter à la droite de la majesté divine. Au saisissement que j'ai éprouvé à la vue du théâtre sur lequel s'est joué le plus grand de tous les drames, j'ai compris les pèlerinages. On touche du doigt les réalités.

JÉRUSALEM

Partout [illegible]
aller au facile [illegible]
les édifices, les p[illegible]
peuvent satisfaire [illegible]
de leur histoire. [illegible]
même pour que le[illegible]
et les aventures [illegible]
même sans sav[illegible]

ANGLE SUD-EST DE LA TERRASSE DU HARAM

CHAPITRE III

Jérusalem.

Partout ailleurs qu'à Jérusalem, on pourrait se laisser aller au facile plaisir de ne voir que pour jouir. Les sites, les édifices, les particularités des lieux et des hommes peuvent satisfaire pleinement l'esprit, indépendamment de leur histoire. Le lac des Quatre-Cantons serait beau, même pour quelqu'un qui ignorerait le serment du Grütli et les aventures de Gessler. On admirerait le Louvre, même sans savoir ce qu'il était au temps de François Ier.

Mais à Jérusalem, dans ces débris innombrables, le passé evit à tout instant. D'abord on y place ce qui vous est le plus familier de cette histoire, puis l'esprit cherche à combler les lacunes et à se rendre un compte exact des transformations subies, des additions et des disparitions amenées par le cours des siècles. Aucune ville au monde, pas même Paris, pas même Rome, n'a connu plus que la ville sainte les affres de la lutte pour l'existence. Babylone a été grande; un coup l'a abattue, elle ne s'en est point relevée. Mais Jérusalem depuis 23 siècles succombe sous le sceptre étranger et renaît sans cesse de ses cendres et se repeuple après ses massacres. Ce miracle permanent la rend plus illustre que l'Egypte, la Chaldée et la Grèce, dont les monuments somptueux ont été conservés à notre admiration.

Vu de ce contour du chemin de Béthanie où Jésus pleura sur elle, Jérusalem, étagée sur les versants de ses collines, dissimule ses ruines sous l'éclat de ses centaines de coupoles blanches. La regarde-t-on du sommet du Scopus, elle ne manque pas d'une poétique grandeur dans son cadre de bois d'oliviers et de collines onduleuses ; mais dans l'enceinte de ses hauts murs à créneaux, derrière ses cinq portes, on ne retrouve que peu de cette poésie. Les immondices de la voie publique, le mauvais état des pavés seraient peu de chose, si le délabrement n'atteignait pas ce que l'on aimerait le mieux voir intact. Tout a été profané par la main du vainqueur, qu'il soit romain ou juif, chrétien ou musulman. On sait que l'administration turque n'a ni argent, ni agents pour prendre quelque soin des trésors qui lui sont échus. De beaux détails d'architecture s'en vont, faute de restauration intelligente. Si des archéologues jaloux n'avaient pas obtenu par la voix diplomatique l'autorisation de sauver quelques monuments en ruine, la perte de ces gloires du passé serait complète ; sans les efforts de ces hommes de science, d'autres restes seraient encore enfouis et voués à l'oubli.

Nous ne sommes pas de ceux qui voudraient retrancher quoi que ce soit aux justes jugements infligés à la ville rebelle. Ces ruines étaient prédites, aussi ne doivent-elles pas nous étonner. Mais ces lambeaux des grandeurs humaines ne font que mettre mieux en évidence la vérité des paroles divines. Ils sont un commentaire qui ne sied pas mal en regard des textes prophétiques ; il les complète plutôt qu'il ne les amoindrit. C'est surtout à ce point de vue-là qu'ils ont pour nous de la valeur et que nous devons désirer leur conservation. Rendons grâces à Dieu de ce que notre siècle incrédule en reçoit le témoignage.

A Rome, on découvre sous les constructions modernes jusqu'à deux édifices superposés. En pourrait-il être autrement à Jérusalem, dans une ville tant de fois bouleversée? Si le XIXe siècle, que l'on pourrait appeler à juste titre le siècle des musées, emporte impitoyablement, sous prétexte d'alignement, d'hygiène, ou d'utilité, tout ce qui le gêne, et cela même dans nos localités les moins ambitieuses, que ne devait pas accomplir la passion de générations moins curieuses du passé? Quel respect pouvaient-elles éprouver à l'égard des œuvres des vaincus ou des rivaux? La haine de nationalité ou la haine politique devait se faire au contraire un point d'honneur de raser ce qui aurait pu donner quelque renom à l'ennemi humilié. Le génie artistique pouvait bien bénéficier des heureuses inventions qu'il rencontrait chez ses devanciers : c'est ainsi qu'entre Croisés et Arabes il s'est produit un échange de formes et de combinaisons décoratives qui ont enrichi les uns et les autres. Mais à tout prendre, l'ambition personnelle a toujours prévalu et trop souvent a fait peu de cas des plus beaux chefs-d'œuvre. Serait-ce là la loi du progrès?....

Si nous ajoutons à ces désastres ce que l'ignorance, par le moyen de la légende, et ce que la cupidité ont amassé de renseignements douteux et souvent absurdes autour des lieux saints, nous comprendrons combien il est difficile, même avec de bonnes monographies en main, de s'orienter d'une manière sûre dans ce dédale.

L'une des études les plus intéressantes à faire à Jérusalem est assurément de comparer ses différents lieux de culte, en prenant pour type la grande synagogue des Aschkénasim (Juifs d'Europe), la mosquée du Rocher, dite d'Omar, et le Saint-Sépulcre. L'architecture, au même degré que la littérature, trahit les pensées, les tendances, les faiblesses, les aspirations d'une génération ou d'un peuple et donne une idée aussi nette de son état moral que de ses conditions économiques et sociales.

Les monuments mentionnés offrent à cet égard un sujet de réflexions remarquable. Ce sont comme trois tableaux sur lesquels viendrait se mirer en traits précis l'histoire de trois peuples, de trois mondes, de trois génies : le génie juif, le génie mahométan et le génie chrétien. Il est de toute évidence que le premier est l'opprimé, le second l'usurpateur, le troisième le militant. Mais ce n'est pas tout; le caractère de ces sanctuaires révèle à des profondeurs étonnantes le fond même et la nature des religions auxquelles ils servent de boulevard. Ils en sont comme l'expression. Plus que cela; l'âge, les transformations, les écarts, les difformités de leur principe s'y sont marqués comme des rides, des foulures et de la vermoulure sur un fruit. La grande mosquée et l'église du Saint-Sépulcre ont une histoire de dix siècles. La synagogue en revanche est de date récente, mais paraît plus vieille que ses rivales. Née de la mort, elle est une ruine avant d'avoir une histoire.

Pour parvenir à ce lieu de culte, on passe par d'infectes

ruelles du quartier juif. Dans ces étroits couloirs, on foule aux pieds tant d'immondices, on respire tant d'odeurs nauséabondes, on fait lever tant d'essaims de mouches, il faut si souvent se garer des chiens vagabonds qui purgent la voie publique de ses détritus fétides, que c'est avec une impression pénible, triste et peu recueillie que l'on aborde la synagogue. Un artiste, en en franchissant le seuil, peut à peine retenir un cri d'effroi ou un éclat de rire à la vue d'une telle décoration, dont le mauvais goût dépasse tout ce que l'on peut imaginer. Ces lambrequins, ces franges, ces cordons, ces flocs peints sur le mur en jaune canari, en vermillon, en bleu militaire sont ce que l'on peut concevoir de plus absurde, de plus faux, de plus laid. Si les artistes chargés de décorer cet édifice, pour se rattacher à un type consacré, ont voulu rappeler là les tentures du premier tabernacle (Exode XXVI), ils ont méconnu la loi fondamentale de l'art, qui est de ne point appliquer à un ordre les traits et le caractère d'un autre, d'éviter le faux et de ne point confondre les exigences des différents matériaux. Mais il n'y aurait là encore que le fait — hélas ! trop fréquent — d'une œuvre mal conçue et mal exécutée, si sous ce cachet de vulgarité ne se dissimulait pas une réelle impuissance. C'est une humiliation véritable qu'un tel édifice dans la ville sainte du peuple élu. Il nous est rapporté par le livre d'Esdras, que les vieillards revenus de la captivité fondirent en larmes, tant le second temple était inférieur en beauté à celui de Salomon. Que diraient-ils de cette synagogue où l'or est remplacé par le badigeon ?

Bien différente est l'impression que l'on rapporte de la mosquée du Rocher. L'accès en est ménagé de manière à préparer l'âme au recueillement. Sur l'immense esplanade qui servait, avant la prise de Jérusalem par Titus, de parvis aux foules, sont disséminés des oratoires, des jardins, des portiques de l'effet le plus pittoresque. Plusieurs larges escaliers de pierre, couronnés par d'élégantes arcades, conduisent à un second parvis rectangulaire, proprement dallé, sur lequel on n'ose marcher que déchaussé. Vers le milieu de cette terrasse s'élève la « Koubbet ès Sakhrà. » La mosquée ne donne point à distance l'idée de la splendeur. Mais à mesure que l'on s'en approche, elle grandit, elle s'éclaire, elle se diapre de mille nuances délicates. Sur les huit pans de sa nef circulaire, à partir d'un socle de marbre d'un blanc opalin jusqu'à l'insertion de la coupole, ce ne sont qu'arabesques, fleurs, lettres arabes, enchevêtrements ingénieux disposés en frises, en panneaux et dans une harmonie exquise où le blanc, le bleu et le vert dominent. Au soleil du matin, c'est une féerie.

Mais ceci n'est encore que de la poésie aimable, comme un rêve des mille et une nuits; l'intérieur de la mosquée nous ménage une émotion bien autrement profonde et religieuse. J'avais vu bien des cathédrales, bien des basiliques qui passent pour des merveilles, je venais de revoir Saint-Marc de Venise, la plus somptueuse sans contredit de toutes les églises de l'Occident, mais rien n'avait encore égalé l'impression produite par ce sanctuaire. Cela avait pour moi quelque chose d'une vision apocalyptique. J'y trouvais du même coup la solution d'un problème fort ardu, à savoir l'union de la plus prodigieuse richesse avec la plus grande simplicité. Comme en un jour serein, on est ébranlé par l'éclat subit du tonnerre, ainsi l'on reçoit un choc à la première vue du Koubbet ès Sakhrâ. La lumière à l'intérieur est atténuée par des vitraux de couleurs intenses et admirablement combinés. Ces vitraux ne reçoivent eux-mêmes la clarté de l'extérieur qu'au travers de trois treillis, dont l'un est fait de petits tubes de terre cuite superposés. Les revêtements des murs et des piliers et les vingt-huit colonnes monolithes sont de marbres précieux ; les arcades, également de marbre, reposent sur des chapiteaux dorés. Entre elles et la coupole se trouve encore un tambour richement orné de mosaïques divisées par une guirlande en deux champs. Nous voyons ici l'emploi le plus heureux des écritures orientales comme motif décoratif, puis de gracieux rinceaux chargés de grappes de raisin et d'épis sur fond d'or. Il n'est pas possible de décrire l'effet splendide de ces surfaces presqu'unies, toutes ruisselantes de vieux ors, de bleus de paon, de verts émeraude, de rouge sang, de violets pensée rendus plus intenses par la demi-obscurité et plus miroitants par le poli de la mosaïque. La coupole recouvre comme une gigantesque queue de paon de trente mètres de hauteur ce silencieux et solennel oratoire.

L'idée religieuse qui se dégage de ce monument n'est pas chrétienne, il est vrai, en ce sens que cette magnificence, cette pénombre, ce mystère parlent d'un grand Dieu qui se cache. L'absence complète de figures humaines est en rapport avec ce texte de l'Ecriture : « Personne ne vit jamais Dieu. » Mais l'Ecriture ajoute — et c'est l'idée chrétienne — « le Fils unique qui est dans le sein « du Père, est celui qui l'a fait connaître ; » puis : « Celui « qui m'a vu a vu le Père. » « Le verbe a été fait chair « et a habité parmi nous, plein de grâce et de vérité. » Ces déclarations ont ouvert la voie à un art nouveau ; l'art chrétien était, en quelque sorte, autorisé à dépeindre la Divinité sous les traits mêmes de l'homme. Quoique pénétré de la supériorité de cette dernière conception, j'éprouvais une sorte d'apaisement dans cet édifice grandiose, parce que la donnée en est fort simple et ne vise qu'à mettre en relief la majesté divine. C'est une affirmation puissante du déisme, c'est vrai, mais en même temps un hommage rendu à la souveraineté de Dieu.

A première vue, la synagogue et le dôme du Rocher

fixent le jugement du spectateur et rien ne pourra le modifier. L'imagination pourra bien prêter à ces lieux une valeur poétique considérable, car, de fait, nous nous trouvons là en face de deux monuments intimement liés à l'histoire de deux ères ; ils sont, comme nous le disions en commençant, une manifestation de deux génies religieux ; mais l'un ne sera jamais pour nous que la dépouille en décomposition d'un papillon qui a pris son essor ; il appartient à tout un ordre de choses qui a passé, n'étant que l'ombre des biens à venir. Si la Synagogue a survécu à cette éclosion, elle ne survit qu'en qualité d'objet inanimé, que les vents peuvent agiter, mais que la vie ne transformera plus. Bien qu'encore debout, l'oratoire israélite nous tient de moins près que les monastères démolis du moyen âge. L'autre des deux édifices ne parvient pas, avec toute sa magnificence, à provoquer dans l'âme un autre sentiment que celui d'un impénétrable mystère. Le chrétien convaincu sonde, il est vrai, d'un regard ce mystère. Admis au lieu très saint, il en franchit le seuil, quand même l'entrée en serait gardée par des chérubins. La grande mosquée ne peut être pour lui qu'un sphinx superbe, et il passe outre ; mais ce sphinx muet barre le passage à des millions d'âmes ; sa placide beauté ne révèle point la condescendance, les tendresses du Dieu auquel il semble vouloir servir de garde d'honneur. Il s'interpose et laisse ignorer que Dieu s'est fait homme, que de sa demeure glorieuse Il veut se mêler à la vie des individus aussi bien qu'à celle des nations, s'unir à sa créature pour la régénérer, la vivifier, l'élever à sa hauteur par la communication de sa nature. Ce temple relègue Dieu dans son ciel et laisse l'homme seul sur la terre avec ses douleurs et ses misères. Les seules espérances dont il lui parle ne sont que de beaux rêves, fumées voluptueuses d'un vin mortel.

Par la réflexion, je me suis expliqué comment cette somptuosité avait pu au premier abord m'en imposer plus que la simplicité profonde et pénétrante de la pure donnée chrétienne.

Quelles notions plus vraies sur la Divinité voyons-nous en effet jaillir d'une cathédrale gothique, par exemple ! Parmi ces foules de colonnettes élancées, presque vivantes, qui se groupent et s'unissent pour porter si haut qu'elles peuvent le dais ogival qui retient l'encens et répercute les vibrations des chants et de l'orgue, parmi ces feuillages et ces fleurons artistement ouvragés, emblèmes de la nature restaurée, parmi ces images de saints hommes et de saintes femmes qui, par amour de la vérité, ont vécu pour le salut de leurs frères, combien elle est belle, consolante, attrayante, la figure du Crucifié ! Ici, le voile est déchiré ; le cœur du Père est mis à nu. Voilà ce que l'architecture chrétienne a su dire dans son langage expressif. L'art des califes place une énigme devant le cœur troublé, l'art de l'Evangile lui apporte les confidences divines.

Trouvons-nous au Saint-Sépulcre cette éloquence de la pierre et de l'or si émouvante dans certaines cathédrales d'occident? J'avoue que ma déception a été grande; mais il convient de ne pas s'en tenir ici à une première impression. Tout d'abord il est nécessaire de faire ressortir le caractère spécial de ce lieu de culte et son rôle dans l'histoire du monde. Le trait essentiel, j'allais dire unique, du génie chrétien à Jérusalem, c'est la lutte. Il est avant tout militant, et le Saint-Sépulcre est l'arène où cette compétition est entretenue avec le plus de véhémence. Les Latins, les Grecs, les Coptes, les Arméniens, les Syriens, les Abyssins se disputent la place depuis des siècles dans cette église mainte fois rebâtie.

L'Islam a jeté comme un défi au christianisme en inscrivant sur le bandeau intérieur de sa mosquée de Jérusalem ces paroles significatives de son prophète : « Dis, gloire à Dieu qui n'a pas de fils ni d'associé au pouvoir et qui n'a pas besoin d'aide pour le préserver de l'abaissement; proclame sa grandeur. A lui appartient l'empire des cieux et de la terre; il fait vivre et il fait mourir, car il est tout puissant. O vous qui avez reçu les Ecritures, ne dépassez pas la juste mesure de votre religion et ne dites de Dieu que ce qui est vrai. Le Messie Jésus n'est que le Fils de Marie, l'envoyé de Dieu et son verbe qu'il déposa en Marie. Croyez donc en Dieu et à son envoyé et ne dites pas qu'il y a une Trinité. Abstenez-vous-en, cela vous sera plus avantageux. Dieu est unique ; comment aurait-il un Fils ? A lui appartient ce qui est dans les cieux et sur la terre et il se suffit parfaitement à lui-même *. » A cette confession de foi rationaliste, le Saint-Sépulcre oppose son tombeau vide du Christ ressuscité. Depuis la fondation de cette Eglise en 336, des pèlerins sont venus chaque année, parfois par milliers, affirmer leur foi dans le Fils de Dieu, à la face du Mahométan déiste. Il fallait que ce témoignage fût donné même au travers de difficultés matérielles et politiques presque insurmontables.

Malheureusement, les schismes et les rivalités ont enlevé à ce témoignage ce qu'il aurait pu avoir de plus persuasif, et la basilique de Jérusalem porte la trace de ces convulsions jusque dans sa configuration extérieure. Nous n'avons ici ni la caducité de la Synagogue, ni l'unité calme et rêveuse de la mosquée, mais tout un monde d'idées, de symboles, de souvenirs, les indices évidents d'une lutte incessante, de transformations qui trahissent toutes les évolutions de l'idée chrétienne dans le monde catholique. Plus de six fois, le Saint-Sépulcre a été la proie des flammes, sa coupole s'est effondrée, l'antiquité,

* Extrait de la *Palestine* de *Bædecker*, par le Dr Socin.

le moyen âge et l'art moderne y ont apporté leurs conceptions si diverses de la beauté architecturale, les chapelles se sont multipliées pour les exigences de tant d'intérêts pieux, un besoin évident de suprématie y a développé la pompe du culte à un point excessif, le mauvais goût s'en est mêlé, enfin, tous ces éléments hétérogènes ont fait de ce sanctuaire une espèce de bazar plutôt qu'un temple. La profusion insensée des cierges, des lampes, des images, des dorures, des marbres, l'ordonnance chaotique de l'architecture fatiguent les yeux et rabaissent la pensée. On est ébahi devant la hauteur démesurée de certains chandeliers, on compte les degrés qu'il faut monter ou descendre, on cherche à s'orienter dans ce dédale plutôt que de s'arrêter ému, tranquille, concentré, rempli de la Révélation chrétienne. Dois-je dire, pour être juste, que l'artiste souffre davantage de ces inconvenances esthétiques que le philosophe ou même que le simple croyant qui n'apporterait ici que son cœur? Quoi qu'il en soit, cet ensemble n'a pas — bien loin de là — la limpidité cristalline de certaines conceptions vraiment chrétiennes. Il n'est pas de ma compétence de parler d'autres inconvenances bien plus graves qui se rattachent à l'histoire de cet édifice. Devant ces dérogations au principe chrétien, le vrai disciple du Christ se voile la face et rougit pour ses frères égarés.

PROMENADES DANS ET AUTOUR DE JÉRUSALEM

Fontaine à Jérusalem.

Promenades [illegible]

[illegible] serait dépasser [illegible] décrire tous les [illegible]

CHAPITRE IV

Promenades dans et autour de Jérusalem.

Au vrai, Jérusalem est tout entière dans ses églises, ses couvents et ses tombeaux. Cela dit assez quelle a été son histoire et quelle est encore actuellement son importance religieuse, nous pourrions dire sa destination. Ce serait dépasser les limites de notre cadre que de vouloir décrire tous les lieux de culte qui offrent un intérêt particulier. La mosquée El-Aksa mérite, cependant, une mention.

Construite par Justinien, cette basilique a été utilisée pour le culte de l'Islam, mais n'est pas de toutes pièces, comme le dôme du Rocher, le produit du génie musulman. Les califes ne l'ont pas non plus enrichie comme sa voisine ; celle-ci est établie sur l'emplacement traditionnel du sacrifice d'Abraham et du temple de Salomon, en un lieu si auguste et d'une si haute signification pour les disciples du Prophète, qu'ils affirment ceci : c'est qu'au dernier jour, pour le jugement des bons et des méchants, la Câba se transportera de la Mecque à la Sakhrâ, et que Dieu siègera sur le Rocher sacré qui émerge du sol même de la mosquée. De fait, s'il est un lieu sur la terre qui ait joué un rôle considérable dans l'histoire des guerres de religion, c'est celui-là. Que l'antagonisme se soit élevé entre Babylone et Jérusalem, entre Bahal, Moloc, Jupiter Capitolin et Jéhovah, entre le premier empire chrétien et les Juifs, entre les Francs et l'Islam, c'est toujours l'esplanade du temple qui a été l'enjeu de la lutte. Et il faut bien le répéter, il n'y a pas là d'avantage extérieur qui paraisse bien propre à exercer quelque fascination.

Aujourd'hui, les vieux cyprès noirs promènent paisiblement leurs longues ombres sur la chaire d'Omar, les oratoires, les portiques élancés ; l'herbe fleurit entre les dalles de marbre ; le Turc et l'Arabe, moins fanatiques, consentent à adorer Allah sous les yeux des infidèles qui foulent les tapis des sanctuaires, les coupoles aux reflets d'argent élèvent bien haut dans la nue le croissant d'or ; mais demain que se passera-t-il sur cette arène ? La flèche, l'épée, la catapulte, le cimeterre et le mousquet y ont fait entendre leur cliquetis. Le grondement du canon manquerait-il encore à cette lamentable mélopée ?

Il est difficile de dire lequel, du peintre, du poète ou du penseur, est le plus fortement pris à partie dans cette promenade à travers le Haràm-ech-Cherif. L'artiste trouvera sous l'imposante coupole du Rocher, au pied de la chaire en bois sculpté d'El-Aksa, avec ses merveilleuses incrustations de nacre et d'ivoire, devant le ravissant Koubbet-es-Silselé ou dôme de la Chaîne, auprès des portes de l'enceinte occidentale, et ailleurs encore, des sujets d'étude et d'admiration ; il s'y attardera, il y reviendra ; il sera charmé par l'imprévu de tout cet ensemble de constructions semées au hasard, sans plan défini, sans symétrie, et constituant, malgré cette apparente incohérence, un tout très homogène, d'un effet enchanteur. Dans le rayonnement d'une belle matinée c'est une vision inoubliable.

Comme choses de goût délicat et de réelle valeur artistique, on peut encore citer quelques débris de la domination chrétienne. Telle porte, telle fontaine, tel détail dans la façade d'une maison délabrée, une console, une frise, une corniche, un chapiteau, sont de vraies perles gisant dans la boue. Sans l'esprit conservateur des Sémites, tout cela serait perdu ; mais, s'ils laissent subsister, ces fatalistes laissent aussi se dégrader, et c'est même par cette incurie que pierre après pierre s'effrite et s'écroule.

C'est en particulier dans l'une des rues descendantes entre le Bazar et le Haram, et parmi les décombres du Moûristan, que l'on peut encore découvrir d'originales créations décoratives : des feuillages, des entrelacs, des médaillons, des rosaces, des panneaux, ingénieuses combinaisons de formes géométriques ou de plantes stylisées.

On le voit : l'inventaire du trésor artistique, je ne dis pas archéologique, de la ville sainte indique des pièces hors ligne, mais il est assez vite fait. Ce qui est moins vite énuméré, c'est le monde infini de motifs charmants, créé dans l'intérieur de la ville par le pittoresque des constructions. Les siècles y ont mis leur sceau par l'émiettement et la dislocation des murs, par la couleur harmonieuse de la pierre, par la plante qui pend à tous les joints ouverts ; le soleil y compose des effets superbes par le contraste des voûtes sombres et des voies à ciel ouvert ; la population multicolore et les grands chameaux aux yeux d'ébène animent ces tableaux d'une couleur locale si prononcée. — Le bazar, pour qui n'a pas vu ceux des grandes villes commerciales de l'Orient, fourmille de choses à noter. L'artisan, le fellah, le banquier juif, le Bédouin de l'Est et le nègre, la femme turque et la femme arabe y trafiquent dans la pénombre des boutiques, devant les échoppes, parmi les étalages de galettes, de raisins, de figues, d'olives, de cannes à sucre, d'oranges ou de légumes divers, auprès des boucheries bourdonnantes de mouches. Tout cela a son odeur aussi, renforcée par l'ardeur du soleil, comprimée par l'étroitesse des artères, mais il ne faut pas trop s'en offusquer.

Aux façades bien nues des maisons sont suspendus de singuliers appendices, les uns très simples faits de planches brutes, les autres artistement ouvragés, vrais petits édicules en bois découpé, avec toit, pignon, consoles, galerie et volets en treillis. Leur utilité consiste avant tout à garantir les pièces habitées des rayons du soleil d'été, mais ils servent en même temps d'ornement pour l'intérieur et pour l'extérieur, et je sais tel de ces treillis qui, à Beyrouth ou à Damas, est une véritable œuvre d'art. Tout en poétisant ainsi la vie urbaine, ce détail sert à l'envelopper d'un plus impénétrable mystère ; c'est ainsi que la famille orientale se cache, cloîtrée derrière ses murailles et ses treillis, absolument comme ces femmes turques, voilées de blanc des pieds à la tête, dont les traits sont rendus illisibles sous un tissu de mousseline fleuretée.

Au premier abord, l'Européen qui s'engage dans les ruelles sinueuses de la ville sainte, constatera une lacune qui ne lui sera pas déplaisante. Je sais combien Venise avait grandi pour la même raison dans mon enchantement. L'absence complète de véhicules est, j'en conviens, une réduction du mouvement et de l'animation d'une cité, mais qu'il est doux, ce silence relatif! Le mauvais état des routes dans le pays, l'étroitesse extrême et la disposition en escaliers de la plupart des rues dans les villes, le fait que, pour l'Oriental, le temps a si peu de valeur, ont perpétué jusqu'à nos jours l'usage des transports à dos de chameaux. Si ces bonnes bêtes n'ont jamais su se hâter, elles acceptent, en revanche, des charges énormes. On m'a raconté qu'un chameau a porté de Jaffa à Jérusalem deux pianos à la fois. Ces portefaix entrent sans bruit, de leur pas lent, jusqu'au cœur de la ville pour y déposer leurs fardeaux. Aux cris des marchands ambulants, au marteau des forgerons, au murmure confus de la foule ne vient pas s'ajouter ce grondement incessant de nos voitures. A peine entend-on sonner, dans les quartiers plus solitaires, le sabot des ânes qui frappe le pavé, ou bien, plus rarement, le cheval d'un Bédouin qui caracole. A la nuit tombante, tout se tait, hors les chiens, qui jettent leurs aboiements interminables dans le silence de l'obscurité, concert lugubre, auquel se mêlent les cris déchirants des pleureuses, hurlant dans les maisons de deuil.

Il suffira de stationner en dehors de la porte de Jaffa pour s'y rencontrer, du moins à certaines heures et à certaines époques de l'année, avec tout ce que Jérusalem attire de tous les bouts de la terre. Le large boulevard vient s'engouffrer dans la porte qui perce du côté de l'Ouest une des tours crénelées de la muraille. C'est par ici que la plus grande partie des objets de commerce et des denrées arrivent sur le marché. Les cheiks du Midi et de l'Ouest, venus pour affaires officielles, entrent par cette porte. Les loueurs de chevaux et d'ânes y stationnent à la disposition des touristes. Les pèlerins, par cinquante, cent ou plus, s'y donnent rendez-vous. C'est aussi sur cette place que se traitent beaucoup de spéculations, aussi les cafés y abondent-ils comme partout où les hommes ont besoin de se faire des amis.

Sur cette voie moderne, mi-orientale, mi-européenne, les Bédouins du désert coudoient les miss anglaises, les popes grecs s'y pavanent d'un air de suprématie, les clergés latin, arménien et copte y étalent leurs frocs de toute nuance, les diaconesses protestantes et les sœurs de Sion s'y croisent, les Juifs allemands ou russes se faufilent dans leurs longues lévites à travers la foule, les Mogrébins et les Francs, les Abyssins et les Yankees, les Arabes et les Teutons, les Turcs d'Europe, les Maronites et les Persans dans leurs costumes respectifs vont et viennent. Ce n'est ni l'attrait des plaisirs, ni celui des affaires, ni celui du site qui amènent toute cette affluence, mais, pour tous, Jérusalem est Jérusalem.

Dans ce flot qui passe, mes yeux suivent avec un intérêt spécial les fils d'Israël. La misère, la saleté infecte de leurs habitations dans le quartier juif donnent à elles seules, avec le style de leurs synagogues, la mesure de leur abjection. Cependant, on pourrait s'y tromper, si la figure même de ce peuple n'était en harmonie avec ce lamentable état extérieur. Ce qui a été fait jusqu'à ce jour, par Montefiore et ses coreligionnaires ou par des associations chrétiennes, en vue du rapatriement des Israélites et de leur colonisation dans le pays de leurs pères, n'est pas encore parvenu à effacer les marques évidentes de la dégradation. Des faubourgs s'agrandissent chaque jour hors des murs pour contenir la masse d'immigrants, des sommes énormes se dépensent en secours et, néanmoins, l'aspect de la plupart d'entre eux est déplaisant, pour ne pas dire douloureux ; non pas que tous portent au même degré, sur des habits sordides ou une physionomie maladive, le signe de la réprobation divine, mais on ne saurait nier qu'une malédiction pèse encore sur ce peuple.

C'est chose triste que de voir passer ces jeunes gens, la tête basse, la poitrine enfoncée, la mine pâle, étirée, avec tous les symptômes de l'étisie, vêtus de longues tuniques rayées de noir et de jaune ou de noir et de blanc, coiffés d'un feutre noir sur un petit bonnet blanc qui descend sur la nuque rasée, deux longues boucles blondes en tire-bouchon sur les tempes, trop souvent avec des vêtements crasseux et déchirés. C'est bien certainement une ruine au milieu de ruines. La poltronnerie, l'astuce, la rapacité sont les traits essentiels de cette race en Palestine; mais cet état moral, comme la situation matérielle, peut se modifier assez rapidement sous l'influence de circonstances favorables.

Si nous surprenons les Israélites fidèles au moment où ils récitent leurs prières au pied du mur des Lamenta-

TOMBEAU DES PROPHÈTES

tions, nous serons de nouveau saisis par le contraste de cette gloire passée et de l'humiliation présente. Pas plus qu'ailleurs, la certitude n'est absolue au sujet de ces vestiges des temps de prospérité du peuple hébreu. Ces immenses pierres (un peu plus au sud, il en est une qui mesure près de neuf mètres de longueur) datent-elles de l'époque salomonéenne, ou bien proviennent-elles des constructions d'Hérode ? Plus ancienne ou plus récente, cette muraille n'en est pas moins formidable, et c'est là, contre ces témoins d'une puissance anéantie, que coulent les larmes des adeptes de l'alliance abrogée.

Pourquoi faut-il aussi que, de tout ce passé, il ne soit resté hors de terre, à la face du monde, guère que des sépultures ? Est-ce fortuitement, et simplement parce qu'elles se trouvaient en dehors de l'enceinte et taillées dans la roche des collines environnantes, que ces nécropoles ont été conservées à nos méditations ? On en découvre partout. Citons les plus remarquables. Au nord, dans la campagne, à un peu plus d'un kilomètre de la porte de Damas, le tombeau dit des Juges, avec son fronton richement sculpté en rinceaux d'acanthe; plus près de la route de Naplouse, celui, de beaucoup plus grandes dimensions, que la tradition a faussement assimilé aux sépulcres des rois de Juda. Sur l'une des parois du vestibule, creusé dans le rocher à une dizaine de mètres de profondeur, sur une surface de sept cents mètres carrés, apparaissent encore un bout de corniche et les guirlandes et triglyphes d'une frise monumentale. — C'était le couronnement d'un portique de douze mètres à deux colonnes, maintenant renversées, qui donnait accès aux catacombes. — La pierre de scellement roule encore pour laisser pénétrer les visiteurs, mais le vestibule est tapissé de fougères et l'eau des pluies s'amasse au fond du parvis en sous-sol.

C'est dans la vallée du Cédron que nous nous heurtons au plus grand nombre de tombeaux. Est-il besoin de décrire celui de la vierge avec ses porches à ogives, le mausolée d'Absalon, la grotte de Saint-Jacques, la pyramide de Zacharie ? L'art de ces monuments est assez bâtard et ne peut intéresser que l'archéologue. Les milliers de pierres tombales qui jonchent les versants de la vallée du Cédron leur font une cour, et avec les cimetières de l'Ouest et du Nord, aux portes même de la ville, enserrent Jérusalem d'une haie funèbre. — Pourquoi, tandis que s'écroulaient jusqu'à leurs fondements et la forteresse romaine Antonia-Baris, et le temple d'Hérode, et ses palais et ses théâtres, et les murs d'enceinte, et plus tard de nouvelles fortifications, de nouveaux palais et des églises édifiées à grands frais, pourquoi ces sépulcres, élevés à la face de ses oppresseurs par une race hautaine, pour se prévaloir sans doute d'une supériorité dont en somme elle se montrait indigne, pourquoi ces sépulcres subsistent-ils encore ? La voix des prophètes lapidés ne crie-t-elle pas bien haut encore du fond de ces catacombes ? Et que crie-t-elle ? Le grand apôtre de la gentilité nous le dira : « L'aveuglement qui s'est emparé » d'une partie d'Israël, durera jusqu'à ce que la masse

» des gentils soit entrée; et alors tout Israël sera sauvé, » selon qu'il est écrit : Le Libérateur viendra de Sion, » il éloignera de Jacob ses impiétés, et voici l'alliance » que je leur octroierai : j'ôterai leurs péchés. En ce qui » concerne l'Evangile, ils sont ennemis à cause de vous; » mais en ce qui concerne leur élection, ils sont aimés, » à cause de leurs pères, car les dons et la vocation de » Dieu sont choses irrévocables. »

Si ce livre devait donner à ses lecteurs tous les renseignemeuts qu'ils aimeraient avoir sur la Terre-Sainte et en particulier sur sa capitale, je serais fort loin d'avoir épuisé le sujet---Je puis en bonne conscience les renvoyer à la volumineuse collection des vues recueillies en Orient par F. et E. Thévoz, de Genève, si scrupuleusement annotée par Philippe Bridel.* — Pour ma part, je l'avoue, j'ai besoin de sortir de ce champ-clos, de ce théâtre de tant d'agonies. Passons à Gethsémané, et de là nous gravirons la côte du mont des oliviers, pour aller jouir du panorama de ce sommet. Une autre page sera moins souillée de sang; le parfum des champs sera doux au cœur.

Si l'on me demandait où la trace de Jésus est le plus sensible, certes je ne nommerais pas Gethsémané. Sans qu'aucune raison sérieuse puisse être alléguée contre cet

* La *Palestine illustrée*. Collection de vues recueillies en Orient, par F. et E. Thévoz de Genève. — G. Bridel, éditeur à Lausanne.

emplacement, on ne parvient qu'avec peine à se placer dans la situation du drame qui s'est déroulé en ce saint lieu, tant ce jardin est peu ce que l'on voudrait qu'il fût. Combien la plage déserte de Capernaoum est plus éloquente que ce parc en miniature, orné par une piété maladroite! Le haut mur d'enceinte, la porte si basse qu'il faut ramper pour pénétrer dans le sanctuaire, les stations, les plates-bandes de fleurs sont un cadre décidément par trop mesquin pour cet événement dont la portée toute spirituelle s'étend sur tous les âges et sur toute la terre. Il y a là une inconvenance qui blesse le sens esthétique autant que le sens moral; aussi ne vaut-il pas la peine de s'y attarder.

De Gethsémané on monte par des chemins pierreux, très ravinés, au village de Kefr-et-Toûr. La tradition veut que ce soit de ce point culminant qu'ait eu lieu l'ascension de Jésus. Il est permis de révoquer en doute cette assertion, contraire non seulement à la vraisemblance, mais encore au récit biblique, qui nomme expressément Béthanie à cette occasion. Il existe en effet au-dessus de cette localité, sur le versant oriental de la montagne, un mamelon, invisible de Jérusalem, de Béthanie et même d'une grande partie du plateau supérieur, lequel était, à l'époque romaine, couvert de villas patriciennes. L'ascension devant se passer à huis clos, loin des regards indiscrets, ne pouvait trouver un endroit mieux ménagé. C'est tout au plus si des troupeaux de chèvres y pâturaient alors comme aujourd'hui. J'ai passé là seul de belles heures, en face des monts de Moab, de la mer Morte, de la plaine du Jourdain et des croupes gazonnées qui descendent d'étage en étage vers le désert.

Pour prendre congé de Jérusalem, allons regagner la route de Jéricho à l'endroit du figuier maudit. Nous la verrons encore une fois de la place ou s'est échappé ce regret du Sauveur : « Ah ! si tu connaissais, du moins en » ce jour qui t'est donné, les choses qui appartiennent à » ta paix ! Mais non, elles sont cachées à tes yeux. Les » jours viennent où tes ennemis t'environneront de tran- » chées, ils t'investiront, ils te serreront de toutes parts, » ils te détruiront, toi et tes enfants qui sont dans ton » sein, et ils ne te laisseront pierre sur pierre, parce que » tu n'as pas connu le temps où tu as été visitée. »*

Et si maintenant nous disons adieu à la ville du Grand Roi, si, désireux d'en connaître davantage, nous devons porter nos pas vers d'autres localités, attrayantes elles aussi, quel sentiment en emporterons-nous, sinon celui d'une tristesse invincible, qu'une foi vivante dans les

* Saint Luc XIX, 42-44.

promesses de Dieu pourra seule atténuer. *Vous qui rappelez le souvenir de l'Eternel, point de repos pour vous! Et ne Lui laissez aucun relâche jusqu'à ce qu'Il rétablisse Jérusalem et la rende glorieuse sur la terre.*

ORNEMENT ARABE

COURSE A BETHLÉEM

CHAPITRE V

Course à Bethléem

Pour échapper à l'accablement mélancolique qui résulte de la vue des ruines antiques et récentes de la cité sainte, j'enfourchai, le 19 novembre, un des ânes qui stationnent à la porte de Jaffa, une bête de bonne composition, ni trop lente, ni trop volage. Son petit pas souple et sûr allait me permettre, dans les rocailles de la montagne, de me dépréoccuper complètement du chemin et de porter mes regards à droite, à gauche, devant et derrière. Cette manière de voyager est l'idéal du peintre. Ne plus se traîner sur des décombres, aspirer la brise fraîche, subir les caresses du soleil et les ondes successives d'un enchantement incessant, c'était un degré de plus du bonheur. J'aurais bien embrassé mon baudet, qui devint bien vite mon ami.

Ce que Jérusalem a de vraiment grand au point de vue pittoresque, c'est ce que l'homme y a édifié ; du reste, rien dans ce site ne semble avoir été ménagé pour en faire un lieu de plaisance, si ce n'est son excellent climat. Le cadre de la ville du Grand Roi ne peut se comparer ni à celui de Rome ou de Constantinople ou d'Athènes, ni même à celui de Samarie. On se trouve bien sur la montagne, à 760 mètres d'altitude, mais sans avoir le panorama d'une montagne. De trois côtés des collines, un peu plus élevées encore, arrêtent l'œil à deux ou trois kilomètres ; à l'est seulement, une échancrure laisse apercevoir les croupes arides du désert de Juda et, au delà, la muraille des monts de Moab. Les excavations innombrables de la croûte calcaire, partout apparente, sur tous les versants, démontrent à première vue que cette nature a été, dès les temps les plus reculés, austère, sèche, pauvre même. Si elle ne possédait rien pour énerver le sens esthétique du peuple juif, elle n'avait rien non plus qui pût l'exalter. Cela peut avoir contribué à rendre les Hébreux impropres à concevoir un art original et beau. Salomon, on s'en souvient, eut recours à un architecte tyrien.

Le regard, constamment sollicité et fatigué par mille détails, se délecte au seuil de la vallée dite des Rephaïm, où nous retrouvons, sur une échelle plus modeste, les belles et simples perspectives de la plaine de Saron. Les blés naissants scintillent de rosée, l'air murmure des gazouillements d'alouettes, les ânes, les chameaux en file, les femmes de la campagne portent à la ville les fruits et les légumes de la saison. Nous dépassons Màr

ROUTE DE BETHLÉEM

Elias, un grand couvent grec qui ferme le fond de la vallée.

Puis l'aspect change de nouveau : la vigne, les oliviers, les figuiers ont remplacé les champs de céréales ; des tours de garde, éparses sur les gradins des collines, rappellent un vieil usage et sont un élément d'intérêt dans le paysage.

La route se bifurque près du tombeau de Rachel, un « ouéli » fort respecté des Musulmans, aux murs duquel les pèlerins grecs, latins, coptes ne manquent pas de prononcer leur prière. Plutôt que d'aller directement à Bethléem, nous montons aux étangs de Salomon. Peu à peu, les vergers deviennent impossibles, tant la roche surgit de toutes parts et finit par tout envahir, ne donnant abri qu'à des bouquets de narcisses, des genêts jaunes, des touffes d'épine et à une plante caractéristique et fort commune, à feuilles de tulipe disposées en gerbe, portant sa fleur sur une robuste hampe.

Dans ce dédale pierreux, solitaire, on retrouverait sa mélancolie, si des geckos, postés tout le long de la route, ne se chargeaient de vous divertir, semblables à ces automates des orgues de Barbarie, qui se présentent, saluent et disparaissent. C'est fort drôle, surtout en des lieux aussi graves.

Grâce à ces plaisants sauriens et à la gentillesse des alouettes huppées qui s'enlèvent devant les pieds des montures, on arrive sans ennui à un château de garde, construit au XVIIe siècle, pour empêcher les incursions des Bédouins. A quelques pas, dans un pré, on descend par un escalier au fond d'une cavité d'où s'échappe une source magnifique. C'est ici, suppose-t-on, que Salomon serait venu chercher l'eau nécessaire à l'irrigation de ses jardins. C'est lui qui aurait créé les trois immenses bassins qui s'étagent sur la pente du vallon et recueillent le contingent précieux des ruisselets du voisinage. Tandis que les ânes prennent leur picotin en compagnie de belles cavales arabes et de chameaux chargés d'outres à remplir, des Bédouins fument la chibouque, assis à l'ombre des tours crénelées, avec les soldats de la garnison, et moi je remonte par la pensée aux temps héroïques de ce pays en ruines. D'origine salomonienne ou non, l'entreprise est grandiose et mérite une mention.

A un détour du chemin, nous voici en face de Bethléem. Le bourg est de ce côté très neuf et très propre. Largement assise au-dessus de ses innombrables terrasses, la petite Ephrata qui grandit et s'enrichit paraît toute coquette. On dirait une nouvelle vie qui se développe au milieu de la désolation générale. Bethléem est presque entièrement chrétien, c'est tout dire. L'entrée dans cette cité prospère fait une heureuse impression. Ce n'est point encore la propreté hollandaise, tant s'en faut, mais au moins on y respire sans avoir le cœur soulevé, comme c'est le cas dans la plupart des villes et villages de l'Orient, sans en excepter Jérusalem. On sent que le travail y occupe les mains et les esprits et qu'il ne règne pas dans ces murs cet irrémédiable et désespérant fanatisme musulman, qui paralyse la vie à tant d'autres endroits. Où que l'on jette les yeux, dans les échoppes ou dans les cours, partout on voit des hommes et des femmes occupés à quelque industrie et (ce que remarquait déjà M. F. Bovet) les enfants y jouent gaîment et n'y mendient pas.

Au bout de la place du marché, encombrée de chameaux bâtés, se trouve l'église de la Nativité et les hospices grec et latin. Je me présente à la porte de ce dernier, muni de ma lettre de recommandation du patriarcat de Jérusalem, lettre formulaire que tout pèlerin doit se procurer s'il veut être admis. Le frère Cosimo, franciscain, me reçoit avec une amabilité toute florentine et m'accompagne jusqu'à une pièce au premier, d'où j'ai une vue charmante sur la place et le cimetière. « C'est, me dit Fra Cosimo, la chambre que l'on donne au consul de France, lorsqu'il vient à Béthléem. » J'en suis très flatté. Il s'y trouve quatre lits, un prie-Dieu, un sopha et une affreuse image del Bambino Jesù, coiffé d'une tiare et emmailloté dans un lange couvert d'amulettes.

Comme il n'est que deux heures, j'ai le temps de voir tout ce qu'il y a de remarquable à Béthléem. Je commence naturellement par l'église de la Nativité. Du vestibule du couvent franciscain, on y pénètre par une porte très basse. L'effet est superbe. Cette basilique est la plus ancienne église de la Palestine et peut-être le plus ancien lieu de culte chrétien encore existant. On en fait remonter la construction à l'an 330 et on l'attribue à Constantin. Selon d'autres, elle aurait été édifiée sur l'ordre de Justinien, dans la première moitié du VIe siècle. De belles colonnes de marbre brun soutiennent la nef, sur les murs de laquelle on voit encore quelques belles mosaïques du XIIe siècle, œuvre des Croisés. Le reste est passé au badigeon. Quelques lampes suspendues à la poutre de faîte sont les seuls objets qui occupent ce grand vase, aussi l'impression première est-elle saisissante ; la puissante charpente de la toiture, autrefois de cèdre, mais restaurée au XVIIe siècle et déjà noircie par les ans, ajoute à la gravité de ce sanctuaire. Par-dessus le mur que les Grecs ont construit à l'entrée du transept, on voit l'abside, et au devant un grand crucifix suspendu. Jamais cette image du supplicié du Calvaire ne m'a ému comme dans ce lieu érigé en souvenir de son humble naissance. Quelle grande et sublime voix ! Quelle prédication !

Du chœur que le goût russe a surchargé d'ornements dorés, d'images archaïques, de lampes, de cierges, on descend à la grotte de la Nativité. Au bas de l'escalier de marbre, on vous montre l'endroit même de la naissance. C'est une niche taillée dans le rocher. Une étoile d'argent marque sur les dalles de marbre la place exacte. Malgré tout ce que la puérilité a amoncelé d'objets consacrés au culte dans ce petit espace, on ne peut se défendre d'un sentiment d'attendrissement. Pourquoi, en effet, ce lieu déjà désigné au IIe siècle ne serait-il pas celui de la naissance du Sauveur ? Les lampes d'or, les étoffes précieuses, les tableaux plus ou moins grotesques m'apparaissent là plutôt pour ce qu'ils sont, des hommages de la piété.

Dans la même cavité, en partie naturelle, en partie créée par la main de l'homme, on vous montre l'endroit de l'adoration des Mages et la retraite où Saint-Jérôme traduisit la Bible en latin, attendant chaque jour le retour du Christ. C'est dans cette crypte que descendent, année après année, des milliers de pèlerins de toute nation, de toute langue, de toute tribu, de toute église, de toute croyance ; mais dans ce grand nombre, combien ont vraiment offert leur cœur à ce Jésus qu'ils viennent adorer?

Après cette visite émouvante, je fais une promenade jusqu'à la citerne de David, celle à laquelle de vaillants guerriers vinrent, au péril de leur vie, puiser de l'eau pour l'offrir à leur chef épuisé. Le paysage est ouvert, très amusant pour tout autre que pour un peintre. Il y a là dix fois trop de détails; tous ces vergers en terrasse fatiguent la vue. C'en est assez pour un jour.

J'admire encore le soleil couchant sur l'or duquel Bethléem se silhouette d'une manière originale. La place est devenue déserte. Les chameaux sont partis. Les troupeaux bêlent aux portes des étables.

A huit heures, je descends à la salle à manger. Je suis le seul pèlerin. Fra Cosimo me sert des mains et m'entretient de la langue. Il me raconte les luttes entre Grecs et Latins, la mauvaise foi des premiers qui cherchent par toutes sortes de moyens à spolier les Romains de leurs droits aux lieux saints. Déjà ils ont volé l'étoile d'or placée dans la crypte et qu'on a remplacée par une étoile d'argent. Ils ont volé les tentures de soie de la grotte des Mages, ils ont dégradé les tableaux, ils se sont emparés du droit de dire la messe à l'autel qui est au-dessus de l'étoile, tandis que les Latins ne peuvent plus l'y dire ; bref, le patriarche latin de Jérusalem a demandé une garde de deux soldats, qui, se relayant d'heure en heure, veillent jour et nuit auprès de l'étoile pour éviter de nouvelles infamies. Ce droit de possession des lieux saints paraît vraiment avoir autant de valeur pour Fra Cosimo et ses confrères que la possession même du paradis. Après avoir longuement écouté les plaintes de ce pieux moine, je mis en œuvre ce que je savais d'italien pour lui témoigner ma sympathie et pour le consoler par la pensée qu'après tout nous avons quelque chose qui vaut davantage et que les Grecs ne peuvent pas nous enlever. Mais quand je remontai dans ma chambre, à dix heures, j'eus l'impression que Fra Cosimo n'était pas encore consolé.

De bonne heure, le lendemain, je rentrai dans la basilique. Le soleil levant dorait de ses premiers feux la poutraison de la toiture, mais le bas des nefs était encore dans l'ombre. Des Bethléemites entraient sans bruit pour faire leur prière matinale. L'encens et l'orgue remplissaient l'air à la fois de parfums et d'harmonies. Je pensai à toutes les âmes accourues de tous les bouts du monde dans cette enceinte pour adorer comme les Mages Celui qui est le Fils bien-aimé du Père, le Sauveur du monde, et me demandai ce qui en resterait pour le ciel... Tout imparfait que puisse être ce culte, il n'en est pas moins un témoignage et un témoignage grandiose. Depuis près de quinze siècles, cette basilique a vu sans interruption des pèlerins s'agenouiller devant le petit Enfant dont ils veulent honorer la mémoire ; pour satisfaire ce besoin de leur cœur, ils n'ont craint ni les fatigues, ni la dépense, ni les dangers sur mer et sur terre, ni la haine des musulmans, ni les guerres, ni les complots... Ah ! comment expliquer ce mystère autrement que par ces paroles de l'ange : « Ne craignez point, car voici, je vous annonce la bonne nouvelle d'une joie qui sera pour tout le peuple. »

LE DÉSERT DE JUDA ET MÂR SÂBA

Robert.

CHAPITRE VII

Le désert de Juda et Mâr Sâba.

Nous partons au petit pas de nos montures pour le couvent de Mâr Sâba, antique monastère flanqué comme une citadelle au précipice du Cédron.

Des chants bien connus de mésanges, de rouges-gorges et de pinsons nous mettent en belle humeur pour nous enfoncer dans le désert en passant par la charmante petite plaine, où les anges doivent être apparus aux bergers pendant la veillée de Noël. Une vasque large de deux kilomètres, remplie d'orges et de blés opulents, est ornée à son centre d'un bouquet d'oliviers qu'un mur en pierres amoncelées, à la mode arabe, sertit négligemment. La tradition nous dit : Voici le champ de Booz ! Eh ! pourquoi pas ? C'est bien ainsi que je me l'étais représenté. Il n'y manque rien pour faire l'illustration du récit biblique, ni la simplicité du décor, ni la grâce des paysannes, arrière-petites-nièces de Ruth la Moabite, que nous rencontrons en ces lieux. On sème, on cueille les olives, il fait chaud, tout chante dans ces guérets de la terre promise. J'oublie ma tristesse et les bouleversements tragiques de la ville sainte.

Nous avions déjà quitté les vergers en terrasse et les chemins rocailleux du haut plateau pour descendre au champ de Booz. A mesure que nous avançons, les vallons deviennent plus moelleux, le pays plus solitaire. De nouveaux oiseaux propres à l'Asie vont nous distraire des longueurs du sentier. Avec eux, des lavandières d'Europe nous serviront d'escorte auprès des tentes noires des Bédouins et jusqu'aux portes funèbres de Màr Sàba. A moins d'une demi-heure à l'est de Bethléem cessent les oliviers, et de là aux rives maudites de la mer Morte, on ne rencontre à peu près plus un seul arbre, ni un seul buisson, sauf le palmier du couvent.

Cette zone est néanmoins d'une extrême beauté. Le paysage en kaléïdoscope de la région supérieure s'estompe, se simplifie et gagne en distinction. La roche, ici moins dure, se délite et s'efface, tandis qu'elle apparaissait dans toute son âpreté sur les sommets. Les entassements, les escarpements, les cavernes disparaissent ; un frais gazon recouvre déjà les pentes plus fraîches tournées vers le Nord ; dans deux mois ce sera un tapis de fleurs.

TRAQUET

Notre sentier se faufile entre de gros mamelons que leur nudité rend imposants. A chaque détour, des chèvres noires s'éparpillent comme des mouches sur une nappe, ou bien des brebis jaune clair brillent au soleil comme des plumets de chardons. Sur les crêtes des coteaux, les bergers promènent leur silhouette sur l'azur profond et le son de leurs pipeaux se marie à la voix des cochevis. C'est d'une douceur inénarrable. Que de fois j'ai vu les troupeaux s'assembler en bêlant autour des puits de la montagne ! David berger, Abraham, Rachel et tout ce monde des vieux âges revit ici sans altération. Il fallait bien qu'Abraham fût Abraham et que David fût David pour qu'ils fussent ce qu'ils ont été ; mais, étant donnée leur prédestination, il ne se pouvait pas trouver de lieux plus propices à l'élévation de leur âme vers Dieu que cette nature austère sous ce ciel serein.

Pour toute habitation humaine, il n'y a dans tout ce canton que des campements de Bédouins nomades, établis pour quelques semaines dans un endroit abrité du vent dominant. Ce sont en général dix à quinze tentes noires et brunes, d'étoffe rayée en poil de chameau ou de chèvre et qui sont groupées en cercle. Quelques chiens fauves en font la garde et les poules courent à l'entour. Les chameaux flegmatiques broutent en ce moment les derniers restes des touffes de chardons, de genêts, des sauges laineuses, des épines basses de Judée. De loin en loin un laboureur solitaire aiguillonne ses bêtes de somme à la charrue, mais ni sa charrue, ni son attelage, ni son chant ne ressemblent aux nôtres.

Dans l'après-midi, je gravissais un col qui ferme cette région des pâturages à l'Est. Quel étrange coup d'œil ! Quelle surprise ! A droite, là-bas à nos pieds, la mer Morte, dans les échancrures du second plan, on voit l'eau bleue réfléchir les monts bleus de Moab. A gauche, tout là-haut, au bout d'une singulière coulisse, un coin de Jérusalem et le mont des Oliviers.

Une zone d'un caractère étrange commence ici. Pour le coup, nous voici bien au désert. C'est un dédale indescriptible de collines calcinées par des ardeurs torrides.

Le calcaire fusé par le soleil et la pluie est emporté par les ravines. C'est d'une blancheur livide, effrayante. La malédiction a vraiment imprimé son doigt de feu sur cette terre de Sodome. C'est au centre même de cet affreux labyrinthe que nous allons trouver le couvent de Mâr Sâba.

Ce couvent est un lieu de détention volontaire ou forcé pour des moines assassins ou adultères et un refuge pour des malheureux désabusés, que la vie dégoûte et qui viennent ici chercher le silence de la mort. Saint Sabas vint à l'âge de huit ans se consacrer à Dieu aux pieds de saint Euthymius, vers l'an 547, et s'établit avec son maître vénéré dans ce désert. Le monastère fondé s'agrandit; la sainteté de Sabas lui amena des disciples; le théologien devint abbé d'un ordre, sous la règle de saint Basile, et joua un rôle considérable dans les disputes théologiques de son temps. Plusieurs massacres ensanglantèrent cette retraite et le danger incessant du pillage engagea dans la suite les religieux à faire de ce cloître une forteresse.

Derrière le haut mur qui ferme le couvent à tout accès du côté de la montagne, s'entassent la basilique et les jardins, les chapelles et les dépendances, le réfectoire et les habitations des moines. Les cellules sont parfois établies dans les galeries naturelles du précipice, ailleurs on les voit accrochées au rocher comme des nids d'aigle. Des escaliers sans nombre relient toutes les parties de cette singulière cité et permettent de descendre jusqu'au fond de la gorge. Deux seuls arbres, presque pas un seul buisson pour égayer cet ensemble. Ce n'est pas sauvage, c'est sinistre. On dirait l'entrée des lieux infernaux. L'imagination fait ses perquisitions de caverne en caverne, évoquant les générations d'ermites auxquelles elles ont servi d'asile. Actuellement ces parages ne sont plus qu'un repaire de chacals.

La seule note aimable est la voix flûtée de merles bleus qui viennent manger dans la main des moines, dévorent avant maturité les dattes du palmier que saint Sabas doit avoir planté, et semblent ne s'envoler que pour mieux vous faire admirer la belle tache d'or qu'ils portent sur l'aile.

Chose inouïe que la vie de ces soixante religieux condamnés à faire leurs dévotions dans cet Achéron ! Combien nous sommes loin de la vie de nos cités européennes, de nos luttes sociales, de notre religion militante et de nos œuvres de miséricorde! Il se peut que derrière ces rites, ces peintures sur fond d'or, au pied de ces autels encombrés d'images archaïques, dans ces macérations et cette fainéantise apparente, il y ait plus de piété qu'il ne semble. Dieu seul entend les soupirs, les prières et assiste à ces combats mystérieux des âmes, d'où sortent les convictions puissantes et les dévouements véritables ; mais à en juger par l'impression que j'ai emportée des dix-huit heures passées dans cette hôtellerie, ce ne sont pas les clartés victorieuses de l'amour divin qui rayonnent sur ces fronts, et si l'action civilisatrice de la congrégation est réelle, elle a besoin qu'on la cherche. Aussi est-ce avec un soupir de soulagement que l'on voit le portier, à l'appel d'une cloche, s'approcher flegmatiquement, tourner au moyen d'un gros bois l'énorme clef de fer et vous rendre à la liberté.

SUR LE CHEMIN DE JÉRICHO

CHAPITRE VII

Sur le chemin de Jéricho.

Assuré du beau temps, la besace garnie de vivres, je défilais, le 3 décembre, à huit heures du matin, par la porte Saint-Étienne, avec mon drogman et le moucâri. Nous descendions le chemin rapide de la vallée du Cédron, longions le mur de Gethsémané et remontions la côte osseuse. Comment qualifier autrement ce versant du mont des Oliviers ? Il y a là en terre autant de squelettes que de pierres tombales, et celles-ci couvrent par dix milliers toutes les surfaces où la roche n'a pas percé la mince croûte d'humus.

De ces cimetières jusqu'à Béthanie, encore un kilomètre.

Béthanie est tout à fait arabe, donc tout à fait pittoresque. Dans les cours, on voit les vaches, les ânes et même les chameaux se mêler à la vie de famille. Ici, un vannier tresse ses corbeilles sur son toit ; là, des femmes retirent d'une chaudière l'huile dorée des olives ; ailleurs, un laboureur fait ses apprêts et part, sa charrue sur l'épaule, avec un âne et un bœuf. Les coqs chantent à tue-tête et dans les grenadiers gazouillent les oiseaux. La demeure des amis de Jésus, que la tradition veut avoir retrouvée, n'a rien d'inauthentique, mais si l'aspect du tableau est encore charmant, où trouver dans cette population réfractaire à l'influence du Christ la cordialité et l'intimité du foyer de Lazare ?... Encore un deuil !...

L'escorte réclamée du cheik d'Abou-Dîs manque au rendez-vous. Il faudra donc se passer de ce porte-respect et affronter la cupidité des Bédouins. Sur un parcours de cinq lieues, nous trouverons deux ruines et une route à peu près solitaire. A certains endroits, le sentier est un casse-cou. C'est à l'un de ces passages périlleux que mon drogman 'Aouad, qui est en général assez digne de foi, me narre l'anecdote suivante : Une noble dame polonaise faisait, il y a quelques années, un pèlerinage au Jourdain. Son cheval fit près d'ici un faux pas ; dans sa chute, la pieuse voyageuse s'abîme, et forme le vœu que, si Dieu la relève, elle enverra cinquante mille francs pour la correction de la route de Jéricho ; rétablie, elle envoie la somme à l'archimandrite de Jérusalem. L'histoire rapporte que le tiers resta dans sa poche, une autre forte fraction dans celle du cheik d'Abou-Dis, surintendant des travaux, et que la route continua à peu près comme par le passé à exposer les pèlerins aux fractures. Si ce fait était isolé, on ne l'écrirait que sous toute réserve, mais hélas! il n'est pas besoin de vivre longtemps dans ce pauvre pays pour croire une telle escroquerie possible.

FEMME DE SILOÉ

Depuis ma course à Bethléem, les pluies ont fait lever un gazon d'un vert éblouissant. Ce ne sont pas les élégantes aigrettes de nos graminées qui le composent, mais une plante dont la feuille arrondie me paraît se rapprocher beaucoup de nos mauves. Je constate le fait noté par le savant botaniste Boissier, qu'au sommet du mont des Oliviers, nous avons quitté la flore méditerranéenne, répartie sans beaucoup de variantes sur tout le littoral de ce grand bassin, et sommes entrés sur le domaine de la flore des steppes asiatiques : les buissons sont petits, généralement gris et presque toujours épineux; les labiées pullulent, aromatiques, velues, laineuses, au feuillage plissé; les chardons s'y diversifient à l'infini ; certaines plantes sont hérissées de piquants; en avril, d'innombrables fleurettes aux couleurs de feu, d'or et d'azur diapreront ces pâturages. L'hiver est donc l'époque de fertilité de ces districts ; l'été en consume la richesse.

Lorsque, après bien des détours, le défilé nous a amenés au gracieux vallon Ṣa' b el-Meschaḳ, nous arrivons à la limite du vrai désert. C'est là que nous pouvons dîner, protégés des rayons du soleil par un pan de mur du Khân-Ḥadroûr ou hôtellerie du bon Samaritain en ruine. Il y a de là un panorama superbe. Rien dans nos contrées ne peut donner quelque idée de cet ensemble si doux et si grandiose à la fois. La limpidité de l'atmosphère nuance en valeurs de la plus exquise délicatesse tous les plans du tableau. Ces mille coteaux serrés les uns contre les autres comme des dos de brebis, ne sont point dans les gammes de tons qui nous sont familières, mais bien blonds et rosés, saupoudrés de vert tendre, et les ombres qui les dessinent sont des filets d'azur détachés de l'éther. C'est en présence de cette féerie que David s'écriait : « Tes pas versent l'abondance ; les plai- » nes du désert sont abreuvées ; les coteaux sont parés » de joie ; les pâturages se couvrent de brebis et les val- » lées se revêtent de froment. Les cris de joie et les chants » retentissent. » Ps. LXV, 12-14. « Car toutes les bêtes » des forêts sont à l'Eternel et les bêtes qui paissent en » mille montagnes. » Ps. L, 10. Le Psaume CXIV nous parle aussi de montagnes qui sautent comme des béliers et de collines comme des agneaux ; c'est cela.

Vers trois heures, nous sommes dans la partie la plus sauvage du pays. La pauvreté de la végétation, les brusques contours du chemin, les nombreuses cavernes, le silence ne sont pas de nature à me rassurer complètement. Mais nous approchons de notre but. A deux cents pieds au-dessous du chemin est le lit du Kelt, maintenant à sec, au fond d'un précipice horriblement décharné. Enfin la gorge s'ouvre, voici le Ghôr ! Jéricho est à trois cents mètres à nos pieds. Trois ou quatre maisons blanches trahissent seules, au sein d'un fourré d'épines, la Jéricho actuelle. Le soleil est encore haut à l'horizon. Cela nous permet une visite à la Jéricho romaine et à la fontaine d'Elisée. Tout en cueillant de belles grappes de fleurs bleues sur un arbuste aux feuilles de chanvre et d'opulents plumets de roseaux, je pense à Elie, nourri par les corbeaux au bord d'un ruisseau pareil à celui-ci — de celui-ci peut-être — à son disciple domicilié à Jéricho même, à Jésus dont les pieds ont si souvent foulé ce sentier.

Les Romains avaient fait de Jéricho un paradis, grâce à une irrigation intelligente, due aux aqueducs, dont nous retrouvons encore des restes considérables. Hérode avait établi dans ce climat africain sa résidence d'hiver. Tout cela, c'est de l'histoire.

A la fontaine dite d'Elisée, nous nous désaltérons, nous et nos montures, au vaste bassin de pierre dans lequel bouillonne une eau limpide. La source assainie par le prophète jaillit du rocher à cet endroit même, et puis s'enfuit gaîment de dessous l'ombre d'un immense figuier toujours vert — comme celui du Psaume I — pour féconder les riches campagnes de Jéricho. Le ruisseau court sous les berceaux de verdure avec des glouglous délicieux et semble répondre aux modulations flûtées d'oiseaux à moi inconnus. Le rossignol de Palestine, que les Arabes appellent « boulboul, » préside au concert avec des notes dignes du jardin d'Eden. Fera-t-il beau passer trois nuits dans er-Riha !

Au couvent grec, un petit moine sale et grognard nous reçoit comme des chiens dans un jeu de quilles ; il fait tant de manières pour héberger nos trois baudets, la chambre qu'il nous offre sent si mauvais, que, sans faire plus de façons, nous lui tirons notre révérence, remettons nos besaces sur nos selles et repartons pour l'autre bout de Jéricho. Là, dans un jardin clôturé, est une « locanda » tenue par une femme russe ; la maison est de brique séchée au soleil ; elle a une porte qui se ferme, des fenêtres vitrées, à l'étage deux pièces, dont l'une lambrissée en sapin ; autour de cette chambre un divan. C'est plus que suffisant pour un bon dormeur qui a l'échine endurante. Ce sera même fort original.

Trois semaines avant Noël, je suis transporté en plein été, c'est-à-dire que le printemps tend ici la main à l'automne par-dessus un hiver sans frimas. C'est le climat et la flore de la Nubie.

Autrefois Jéricho s'appelait la ville des palmiers, il n'y en a plus que quelques jeunes plants dans le jardin du couvent; en revanche, les moines et mon hôtesse cultivent avec succès le bananier, dont les régimes opulents s'échappent en cascade d'une couronne de palmes immenses. Des citronniers sont couverts de leurs fruits d'or; je vois des orangers de deux mètres et l'hôtesse m'affirme que ce sont des boutures de deux ans. Les lauriers roses fleurissent, les courges aussi; l'herbe vous monte jusqu'à mi-jambe, et dans cette exubérante végétation, les cigales et les grillons s'en donnent à cœur joie. Lentement le soleil s'abaisse derrière les monts de Judée; à mesure que son fleuve d'or cesse de couler, toute cette plantureuse nature s'assoupit dans les teintes purpurines du soir. La montagne de la Quarantaine, domine comme un trône de marbre cette campagne luxuriante; à ses pieds, la plaine que Loth convoita, tant elle était belle à voir; et presque vers son sommet, le bord de ce désert que l'homme ne traverse que furtivement, où l'oiseau est rare et muet.

La tradition a consacré cette montagne comme étant le lieu de la tentation de Jésus au désert. Effectivement, la ligne de sa croupe, ses flancs déchirés, caverneux, ses tons de velours fauve foncé et violet lui prêtent je ne sais quelle majesté royale bien appropriée au théâtre de ce duel titanesque entre le Prince de la vie et le prince des ténèbres. Elle rappelle en grand ces arènes où les martyrs chrétiens combattaient contre les bêtes et y remportaient la plus noble des couronnes.

Le crépuscule s'assombrit, tous les bruits se taisent l'un après l'autre, les oiseaux, la flûte du fellah, les grillons; je ne perçois plus que le frôlement des palmes soyeuses des bananiers sous les caresses d'une brise tiède. La nuit s'avance. Sous l'image du croissant de la lune étincelant au milieu des scintillantes étoiles, il me semble voir planer une grande âme sur cette terre d'Israël, le front dans la gloire, le pan de sa robe étendu sur le lieu de son humiliation, de ses souffrances et de son triomphe. Jamais le ciel ne m'avait paru encore aussi uni à la terre. Oh ! comme c'était infini et doux à la fois !..... Cependant les chacals sont descendus des montagnes et commencent leurs complaintes; c'est l'heure de dormir.

LA MER MORTE ET LE JOURDAIN

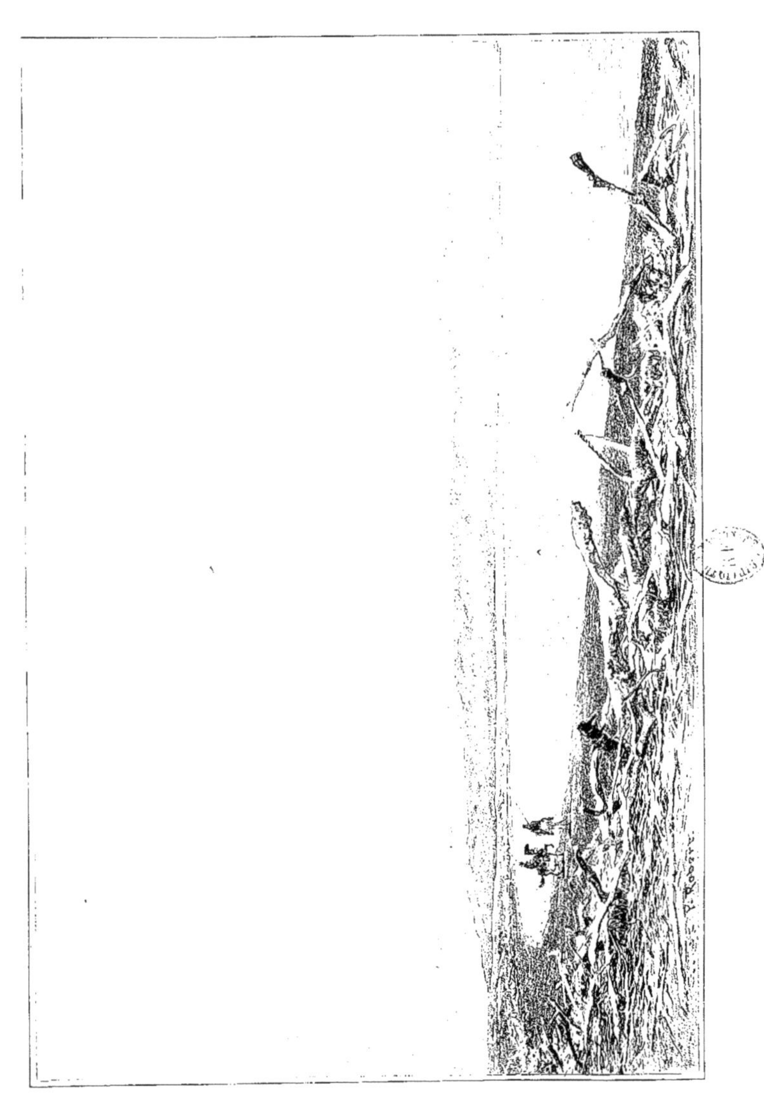

CHAPITRE VIII

La mer Morte et le Jourdain.

De Jéricho il y a trois heures à âne jusqu'à la mer Morte. Chemin monotone dans le milieu du jour. Pâturage uni, hérissé de taillis bas que le menu bétail tond chaque année. Ensuite une zone plus aride, ravinée et tailladée en tout sens. Enfin les derniers vestiges de végétation disparaissent; le sol est blanc, tout brillant de cristaux salins. Vingt fois trompé par une sorte de mirage, on arrive au bord de l'eau, quand on s'y attend le moins. Une plage lisse, rougeâtre, graveleuse, descend insensiblement dans la mer. L'eau est limpide, d'apparence presque huileuse, atrocement amère et salée. On en conserve dans la bouche un goût détestable pendant longtemps et si, après s'y être plongé les mains, on s'expose au soleil, on voit en deux minutes la peau devenir blanche de sel et les doigts se coller les uns aux autres. Mais quel bleu que celui de ce miroir! Un bleu à faire pâlir le myosotis et le saphir. A cinq mètres du bord court une ceinture ininterrompue comme un immense ossuaire, ceignant d'une barrière funèbre ce sépulcre trompeur. Cet ossuaire, ce sont les troncs charriés par le Jourdain pendant ses fortes crues; les tempêtes entassent pêle-mêle ces branches tordues, ces racines noueuses, pelées, tannées au chlorure, blanchies par le sel et le soleil et semblables à des squelettes de grands fossiles. Pas un seul bruit dans cette solitude, pas un être vivant, ni dans l'onde bitumineuse, ni sur ce rivage, sauf peut-être un papillon égaré ou quelque aigle qui plane dans la nue entre le Nébo et les monts de Juda.

La science prouve que ce bassin, actuellement de la dimension à peu près de celui du Léman, diminue insensiblement, malgré les six millions de tonnes que le Jourdain, à lui seul, lui apporte en moyenne par jour. Il ne faut pas oublier que cette nappe d'eau n'a pas d'écoulement, qu'elle marque la plus forte dépression du globe — son niveau est à 394 mètres au-dessous de celui de la Méditerranée — et que son abaissement ne peut provenir que d'une absorption par les rayons solaires excédant l'apport des rivières.

Au retour, pour distraire le peintre de la monotonie du chemin, je regarde en géologue la singulière conformation des différentes zones que l'on traverse. Il se passe là une de ces évolutions géologiques qui, au bout d'un temps plus ou moins long, transforment complètement une contrée. La plaine du Jourdain, large de six lieues, est un dépôt calcaire non encore pétrifié. Les torrents des montagnes commencent par se creuser des lits profonds dans ce limon solide; les sillons se multiplient et s'élargissent; peu à peu, toute la terrasse n'est plus qu'un ensemble de cônes tronqués. C'est par dix milliers qu'ils se comptent, mais sans que deux soient pareils. Le cône s'amincit par les éboulements, s'abaisse puis disparaît et le même phénomène se reproduit sur une terrasse inférieure. La végétation est si rare et si chétive qu'elle est impuissante à empêcher ou même à ralentir la marche de ce phénomène. C'est à croire que le gouffre avide de mort sous son miroir séducteur attire à lui pour le perdre tout ce qui pourrait vivre ou produire la vie; arbres, broussailles, herbes, semences, humus et jusqu'aux sédiments inférieurs de la plaine maudite.

Le jour suivant, le ciel est couvert. Dois-je repartir sans avoir vu le Jourdain? Non, Dieu y pourvoira. A huit heures, le tonnerre fait crever les nuages, une délicieuse ondée rafraîchit la verdure, suspend des perles à tous les rameaux et la terre chaude exhale une senteur de printemps. A neuf heures, nous partons. Le soleil darde au loin de longs rayons d'argent et finit par absorber toutes les vapeurs. Nous avons à franchir un espace de deux grandes heures. C'est la seconde édition du paysage d'hier, mais impossible de voir cette contrée sous un jour plus radieux.

Une fois qu'on a traversé les dunes qui annoncent le voisinage du fleuve, on découvre à cent pas devant soi une forêt ; une forêt ! la première depuis que nous avons mis le pied en Orient. Et puis l'on entend le bouillonnement de l'eau. Oh ! quel bruit aimé ! et qu'il est délicieux à entendre dans cette Palestine altérée ! Les peupliers jaunissent et leur feuillage touffu se mêle aux masses glaucescentes des tamaris. De très hauts roseaux, enguirlandés de convolvulus, et des buissons de toute espèce décorent le sous-bois. Enfin le voilà, le fleuve sacré ! ! ! Le courant est rapide, l'eau tournoie et glisse sans écumer et presque sans bruit dans ses berges aux méandres infinis. Les tamaris y trempent leurs chevelures avec des roseaux et des lianes. Le ciel et les frondaisons automnales jettent sur le miroir du fleuve un semis chatoyant d'or et d'azur. Belles comme des sphinx d'ivoire, les falaises de l'autre rive s'élancent au-dessus du bois et servent d'observatoire aux aigles et aux colombes. Un vrai sanctuaire que ce lieu. Les acteurs ont disparu, mais le décor est encore intact.

On s'arrache avec peine à de telles réminiscences et à de tels lieux.... Bien des pages de la Bible se sont tournées, une autre va s'ouvrir. Le pâturage à perte de vue au nord et au midi s'est peuplé de troupeaux innombrables de chamelles. Il y en a évidemment plus de mille, et j'en surprends plusieurs allaitant leurs petits. Pour la première fois je rencontre le vrai dromadaire employé dans les grands déserts pour la course plutôt que pour les fardeaux et qui est au chameau à deux bosses ce que le lévrier est au chien du Saint-Bernard. Ces troupeaux appartiennent à des Bédouins des environs d'En-Guédi. Les mâles sont vendus comme bêtes de somme à Jérusalem et dans les ports de mer. Il est impossible de ne pas songer à Loth et à Abraham, dont les bestiaux broutaient dans ces mêmes pâturages.

Et quel cadre pour cette scène pastorale! Nous sommes comme au centre d'une parenthèse. Vers l'est, l'horizon est fermé par la chaîne soutenue des monts de Moab et de Galaad, si bleue qu'elle donne plutôt l'idée d'appartenir au ciel, vers l'ouest, par ceux de Judée et de Samarie. Au nord, la plaine s'enfuit par-dessus le lac de Génézareth jusqu'au pied de l'Hermon, dont les neiges éternelles étincellent à quarante-cinq lieues comme une pierre précieuse. Au sud, la mer sert de seuil au palais de l'éblouissante lumière. Par-dessus le tout une coupole d'azur incommensurable.

Heureusement rentré en dépit des bergers qui m'avaient vainement demandé du tabac, je jette un regard prudent dans les huttes des Bédouins d'Er-Riha. Il y a là une foule de choses à éviter, surtout l'odieux backschisch et la fourmillante vermine. Ces soixante huttes en terre, en moellons grossiers et en roseaux, agglomérées sans ordre dans une grande enceinte d'épine sèche, sont bien le minimum du confort et de la propreté. Les quelques habitants de ces sordides demeures, amollis par l'excessive chaleur et par le vice, mènent là une existence oisive et ne savent point tirer parti de la fécondité de leur sol.

Le lendemain, des brouillards saturés d'eau pèsent et s'épanchent dans la plaine. Je fuis ce chaos avec le souvenir de trois jours passés au paradis. Nous hâtons le pas pour suivre une bande de ciel bleu qui se cargue vers Jérusalem et rentrons à l'hôtel de la Méditerranée, un peu mouillés, mais sans avoir eu à regretter l'escorte du cheik d'Abou-Dis.

DÉPART POUR LE NORD

Chameaux dans la Plaine du Jourdain.

CHAPITRE IX

Départ pour le Nord.

Le cœur agité par des courants contraires, je me décidai à quitter Jérusalem vers le milieu de décembre. Comme mes lecteurs, je me serais volontiers attaché à rechercher tous les souvenirs enfouis sous les décombres de la ville de David, mais à quelle limite s'arrêter? De loin la gracieuse Galilée nous sourit et nous appelle. Là aussi les ruines surgiront partout devant nos pas, mais au moins nous n'y assisterons pas à ce combat singulier entre le passé vaincu et la civilisation moderne dont tant d'éléments portent déjà en eux les signes de la corruption; une mort sur une autre mort. Nazareth, il est vrai, est déjà attaqué par la fabrique et la mode, mais en 1883 on pouvait presque l'ignorer. Le *moucâri* m'attendait à la porte de Jaffa avec une jument arabe et un troisième cheval pour Aouad. C'était une aubaine très appréciée en décembre que de partir par un temps doux et un ciel sans nuages. Parvenu au sommet de la rampe rocailleuse du Scopus, je me retourne encore une fois pour saluer Jérusalem. Drapée dans les vapeurs matinales, sous un gai soleil, elle cherche à effacer de ma mémoire les impressions mélancoliques qu'elle m'avait infligées. J'y retrouve ce rayon d'espérance qui l'avait caressée le soir de mon arrivée. La désolation n'est donc pas son dernier mot.

Au delà du Scopus, le chemin va littéralement à travers champs, c'est-à-dire que pour éviter la route raboteuse, les chameaux, puis après eux les piétons, ne se font pas faute de fouler les blés naissants. Ce mépris de la propriété, ce laisser-aller d'un peuple longtemps opprimé est bien frappant en Palestine. J'allais en avoir un échantillon dans ce premier trajet. Deux soldats à cheval nous dépassèrent à un moment donné dans une charmante petite dépression où les blés ondoyaient déjà sous le vent. Ils avaient l'air de courriers et portaient l'armement complet. Une fois devant nous — probablement pour le plaisir de se faire admirer — à force de cris, ils lancent leurs nerveuses montures dans les champs à un galop désordonné, et, sans aucune sollicitation de notre part, nous donnent le très beau spectacle d'une *fantasia* dans toutes les règles. Mais avec cela les champs sont ravagés, ce dont les défenseurs du sol n'ont cure. A qui réclamer des dommages-intérêts ? Le gouvernement n'a qu'un soin : celui de prélever et d'encaisser des impôts, sans souci du bien-être du fellah. Dans ce pays-là, l'impôt atteint plutôt le pauvre que le riche, l'argent y règle plus d'affaires que la justice et le paysan aux abois coupe souvent les arbres fruitiers sur chacun desquels l'Etat prélève une taxe. Nos peuples mécontents pourraient aller apprendre là le prix de ce qu'ils ont acquis.

Le pays que nous traversons, l'ancienne tribu de Benjamin, ne nous offre pour varier les plaisirs du voyage que sommets absolument pierreux et petits vallons en pâturages et en champs de blé. Le premier soir, nous sommes à Djifna. C'est, à ce que l'on prétend, l'ancienne Gofna, chef-lieu d'une des dix toparchies établies par les Romains en Judée. Le village est au fond de l'un de ces vallons et entouré de riches cultures.

En l'absence du curé de l'hospice latin, c'est l'instituteur qui me fait les honneurs du logis, mais avec une obséquiosité désespérante. Il me mène dans sa classe, où une trentaine de petits Arabes ont appris l'italien et peut-être d'autres choses encore. Ils me saluent par un aimable : Buon'giorno, Signore, dit avec cette voix de soprano si caractéristique chez les peuples du midi. Puis, à tour, chacun de venir me baiser la main. Le magister insinue que le témoignage d'estime est donné en vue d'un « petit cadeau. » Voilà comment ce pédagogue enseigne le désintéressement chrétien à ses élèves. Si le reste est à l'avenant, on peut juger de la morale de cet Evangile.

Nous passons de la classe au laboratoire d'un certain Claude, de Saint-Etienne, une espèce de Robinson très amusant à rencontrer en pareil lieu, établi là depuis quatorze ans. Un pressoir à la mode du pays et un autre en fer, à l'européenne, font ruisseler l'huile dans des cuves de pierre. Dans un coin du souterrain un mulet, les yeux bandés, fait tourner une énorme meule pour fouler l'olive. Cette cave est sombre et il n'y sent pas bon. Nous passons à l'école des filles. Il y en a quinze, accroupies sur une natte le long d'un mur. C'est plaisir que de voir ces trente yeux noirs intéressés par la présence d'un Européen. Mais une fois de plus je maudis la tour de Babel qui me prive de cet autre plaisir de leur dire tout ce que j'aurais à leur dire. 'Aouad ne se gêne pas d'interrompre la leçon de doctrine chrétienne en nouant un entretien prolongé avec l'institutrice. Pendant ce temps, je fais mes réflexions. Le spectacle est délicieux pour un peintre, mais le pédagogue trouverait que ce qui manque le plus au programme de cette éducation féminine, ce sont les leçons de propreté.

Le lendemain matin nous décampons de bonne heure, après nous être acquittés des offrandes de rigueur. Le très serviable instituteur n'est pas le dernier à tendre la main. Il pratique au mieux ce qu'il enseigne à ses

PRESSOIR A HUILE

élèves. De Djifna nous descendons à 'Aïn Sinia, par un froid piquant ; le vent d'est est assez fort, le ciel brumeux.

Ce n'est pas la dernière fois que nous sommes obligés de suivre le cours du torrent. 'Aouad me raconte que chaque année, lors des fortes pluies, en janvier et février, la route se trouve impraticable par le fait que le torrent s'est rempli. Les courriers postaux pas plus que les simples cavaliers ne peuvent passer à ces endroits-là ; mais cela ne fait rien : en Turquie on sait attendre et l'on attend.

'Aïn Sinîa est un joli village où l'on retrouve la trace des Croisés. Entre les maisons et le ruisseau sont de beaux jardins de légumes bien verts et plus loin des vergers pareils aux nôtres. Cette herbe, c'est bien du gazon et ces arbres des poiriers. Les feuilles jaunes tombent une à une. C'est le 15 décembre. On reprend le lit du ruisseau, puis on monte et l'on redescend, presqu'au péril de sa vie, des pentes rocheuses, rapides comme des toits. Enfin les montagnes s'écartent, le pays s'ouvre, on respire plus à l'aise ; l'atmosphère s'est réchauffée. Voici Sindjil adossé à une colline. Les coqs y chantent, le soleil y est généreux tout comme à Béthanie. Quel bonheur de sortir des rocs entassés pêle-mêle et de galoper sur la terre arable ! Mon drogman me montre du doigt Seiloûn, le Silo de Samuel, dans une contrée bien poétique.

Bon ! revoilà le chemin détestable ! Il faut gravir un nouveau sommet. La vue s'étend au loin de tous côtés :

toujours les mêmes lignes adoucies, les mêmes profils superposés, toujours la même nudité; de grands mamelons gris d'argent, rayés, striés, parafés, zébrés sur lesquels les couches calcaires jouent capricieusement avec la terre ocrée ou la petite épine. Pour descendre au Khân Loubbân, il faut se mettre à pied et tenir son cheval près du mors, tant le sentier est abrupt. Le Khân est une ruine, mais au moins y trouve-t-on de l'eau potable. Tandis que nous y faisons le repas et la sieste de midi, nous jouissons de scènes pastorales de la plus antique rusticité.

Nous avons encore quatre heures de marche jusqu'à Naplouse. Rien de remarquable jusqu'au point d'où nous apercevons le Garizim. Mais là il faut pousser un cri d'admiration. C'est vraiment beau; non pas que la coupe des montagnes soit particulièrement noble ou la vallée sur laquelle s'avance le Garizim différente de beaucoup d'autres, mais pour nous, gens du Nord, nous ne saurions résister à l'enchantement d'une terre vraiment transfigurée par la lumière solaire. — M. Félix Bovet a dit si justement: « Le paysage de l'Orient est au nôtre ce que la peinture est à la gravure. » — Si le matin le colore de toutes les nuances de la nacre, si le soleil couchant l'empourpre, l'azur du plein midi lui communique je ne sais quel fard qui vous fait croire à un beau rêve.

Nous sommes à la limite de la Judée et de la Samarie.

LA SAMARIE

EN VUE DE GARIZIM

CHAPITRE X

La Samarie.

Nous allons trouver en Samarie plus de culture qu'en Judée, beaucoup plus d'oliviers encore, un nouveau costume, des habitations faites non plus en pierre généralement taillée, mais simplement en terre, du moins dans les villages. Depuis Jérusalem je n'avais point encore traversé de plaine plus riante et plus fertile que celle de la Makhnâ, qui nous amène en moins d'une heure au pied du Garizim, à l'endroit où aboutit le défilé qui sépare cette montagne de l'Ebal et dans lequel est construit Sichem, le Naplouse d'aujourd'hui. C'est là qu'on se détourne un peu du chemin pour aller visiter le puits de Jacob. Non loin du lieu consacré, j'ai le plaisir de rencontrer une fort belle femme de la campagne qui retire de l'eau d'une citerne et en remplit une de ces grandes amphores que, selon la mode orientale, elle va poser sur sa tête obliquement et emporter au petit trot de ses pieds nus et les bras pendants. Dans son costume entièrement blanc et drapée avec l'art de la statuaire grecque, cette femme m'apparaît comme une évocation de la Samaritaine de l'Evangile. Ce n'est ni la première, ni la dernière illustration frappante du récit biblique qui s'offre à mes yeux.

On arrive à Naplouse par une voie romaine et en traversant un petit bois d'oliviers séculaires. M. Falscher (un missionnaire allemand fixé là depuis près de trente ans au service d'une société anglaise), sera mon hôte ; il demeure à l'autre extrémité de la ville, aussi ai-je le divertissement de passer à cheval par tous les bazars. Tous les métiers y ont leur étalage et même leur échoppe, où se fabriquent des souliers, des étoffes, des fusils, des confiseries, des chaudrons, des habits, etc., tout cela entremêlé d'épiceries, de carottes, de grenades, d'oranges, de chameaux, de fagots et d'une population très musulmane, au costume citadin, bariolé de la façon la plus amusante.

L'intérieur des Falscher est à l'arabe. Madame est obligée de sortir voilée, comme c'est l'usage pour toute femme habitant dans la localité. Mais cette adaptation aux mœurs n'a rien enlevé à ces chers missionnaires de leur cordialité et de leur piété. Après plus de vingt ans de séjour dans cette ville, l'œuvre a pris quelque consistance; une chapelle a été édifiée en dehors de la porte et les cultes sont fréquentés par une centaine de personnes. M. Falscher m'a raconté des choses fort intéressantes, mais ce qu'il me dit du caractère arabe me fait donner plus de valeur encore au dévouement de ceux qui travaillent à introduire dans cette race récalcitrante les bienfaits de l'Evangile. La population de Naplouse, en majorité musulmane, est très corrompue. L'ivrognerie y fait aussi des progrès effrayants. Au rationalisme succède le matérialisme. C'est là comme ailleurs.

A cela près, cette ville est un coin délicieux du globe, un peu trop encaissé, mais extraordinairement poétique dans l'ombre diaphane des deux colosses qui l'ombragent et dans le fouillis verdoyant de ses jardins. Les terrasses et les corniches de l'Ebal tournées au midi sont utilisées pour des plantations de cactus; les pentes du Garizim, plus abruptes encore, sont couvertes de pâturages. Je tenais à aller inspecter ce qui reste du temple des Samaritains; aussi, après le sermon prêché en arabe et la réception des visites au salon des Falscher, — réception qui ne manquait pas de couleur locale et de détails piquants — je me hâtai d'escalader le flanc de la montagne pour parvenir directement à l'endroit où se trouvent les ruines. Les restes des constructions anciennes sont très considérables et intéressantes, mais il m'est impossible de ne pas citer une scène, à laquelle M. le Dr Socin a assisté ici même et qu'il raconte dans son travail sur la Palestine *. C'était en 1869, le jour des Rameaux de l'Église grecque.

« Déjà sept jours auparavant, les Samaritains étaient » tous arrivés sur cette hauteur et avaient fixé leurs tentes dans cette combe. Chacun avait revêtu ses habits » de fête. Nous commençons par prendre le café dans la » tente du grand prêtre, dont la femme était occupée à » préparer « l'aliment amer. » C'était une herbe amère » et bouillie, qu'elle enveloppait dans une pâte sans » levain. Un peu avant le coucher du soleil, nous nous » rendons sur la place où l'on offrait les sacrifices; » c'était dans la direction du sommet. Sur un feu bien » entretenu de branchages, étaient suspendues de grandes chaudières remplies d'eau; quelques pas plus haut.

* Bædecker, *Palestine et Syrie* 1882.

» brûlait dans une fosse profonde un autre feu entretenu » avec le même soin. A droite du premier feu, dans un » espace entouré de pierres basses se tenaient douze » hommes (selon le nombre des tribus d'Israël) en tur- » bans et en manteaux blancs. Le regard dirigé vers le » sommet de la montagne, ils chantaient sur un ton » uniforme des passages de l'Ecriture et des prières. » Devant eux, sur un bloc de pierre, se tenait un jeune » prêtre, tourné du côté du soleil couchant; derrière lui, » mais en dehors de l'enceinte de pierre, les spectateurs. » Les plus anciens membres de la communauté s'appro- » chèrent et se placèrent à côté du Côhen (grand prêtre) » 'Amrân, prenant part en silence à la prière des douze; » des hommes et des jeunes garçons vêtus de blanc se » placèrent autour du feu, conduisant sept agneaux » blancs; derrière eux se pressaient les femmes et les » enfants.

» Lorsque le dernier rayon du soleil se fut éteint » dans la mer, le prêtre chanta trois fois une bénédic- » tion et prononça à voix retentissante le passage de » l'Exode XII, 6 : « Et toute l'assemblée d'Israël l'égor- » gera vers le soir. » Aussitôt les bouchers, qui avaient » essayé auparavant le tranchant de leurs couteaux sur » le bout de leurs langues, saisissent les animaux et leur » coupent la gorge en un clin d'œil tout en prononçant » une formule de prière. Les douze s'approchent de la

» place du sacrifice, en continuant à lire à haute voix ; à » l'ouïe du passage où il est commandé de teindre avec » du sang les jambages de la porte, les pères plongèrent » l'index dans le sang chaud et en marquèrent leurs » enfants du front au bout du nez. Le chant continua » sans interruption, jusqu'à ce que le plat de paille avec » l'aliment amer eût été placé devant le grand prêtre, qui » présenta à chacun un morceau. Les hommes baisèrent » respectueusement la main de leur prêtre et rendirent » le même hommage aux anciens, puis ils s'embrassèrent » et se baisèrent en se souhaitant une joyeuse fête. » Quant aux bouchers qui ne pouvaient pas interrompre » leur travail, le prêtre leur mit le morceau dans la bou- » che; après les hommes et les garçons, les femmes » mangèrent à leur tour ce qui était resté. Pour que la » laine s'enlevât plus rapidement, on jeta de l'eau bouil- » lante sur les animaux. Dès qu'un agneau était dépouillé » de sa laine, on lui passait une barre de bois à travers » les pieds de derrière; deux jeunes gens élevaient cette » barre sur leurs épaules et la tenaient ainsi pendant » que l'animal était éventré. Les animaux furent exami- » nés avec soin, et on veillait de près à ce qu'aucun » étranger ne souillât le sacrifice en s'approchant trop » de la victime.

» Un agneau ayant été déclaré défectueux par le » grand prêtre, il fut jeté dans le feu et brûlé en même

» temps que la laine, les entrailles et les pieds de devant » des autres animaux. Après que les agneaux eurent été » frottés de sel, on les suspendit à de longues perches » et ils furent portés vers la fosse avec accompagne- » ment d'oraisons; à un certain passage de la prière, on » les mit tout d'une fois dans la fosse; l'ouverture en fut » promptement fermée par une claie de branchages que » l'on recouvrit de mottes de gazon.

» Les douze hommes revinrent au lieu fixé pour la » prière et lurent sans cesser jusqu'à minuit. A ce » moment, la fosse fut ouverte; on en retira les agneaux » rôtis et on les porta sur la place dans des corbeilles » neuves; les Samaritains mangèrent l'agneau de Pâque, » accroupis sur le sol et tenant un bâton dans la main » gauche. C'était une scène particulièrement saisissante » que de voir ces hommes vêtus de blanc prendre en » silence « le repas de l'alliance. » Nous nous éloignâ- » mes au moment où commença la prière du matin, qui » se prolonge pendant quatre heures. »

Ce petit peuple des Samaritains, réduit, il y a quelques années, à cent trente personnes et à cette seule résidence de Naplouse, est lui aussi une ruine, tant il est vrai que la loi mosaïque et les rites de ce culte symbolique ne pouvaient préserver de la mort ses observateurs les plus exacts. Constitué au temps de la captivité, ce peuple eut ses jours de prospérité et de gloire; mais comme tout ce qui n'est tourné que vers le passé, il passe et ne se renouvelle pas.

GRAND SACRIFICATEUR SAMARITAIN

ENCORE LA SAMARIE

CHAPITRE XI

Encore la Samarie.

Je repartis le lendemain de Naplouse tout réconforté par la cordiale hospitalité de mes hôtes. Du côté ouest de la ville, les jardins s'étendent fort loin, remplis d'oignons, de carottes, de tomates, de fèves, etc. Des geais et des corneilles mantelées vont au grappillage dans les plus beaux bois d'oliviers que j'aie encore rencontrés en Palestine. Les fumées de la ville, la buée matinale enveloppent les flancs du Garizim d'une gaze légère et lui prêtent, par le contraste même entre la délicatesse des valeurs et la fermeté de sa ligne de faîte, une majesté infinie, que je ne me lasse pas d'admirer, en me détournant sur la selle de mon docile cheval. La plaine s'élargit et la campagne prend un air de plus en plus riche et riant. Ce sont les pâturages d'Ephraïm, ou paissent encore maintenant de nombreux troupeaux de vaches.

Vers neuf heures, nous sommes en vue de Samarie, qui s'exhausse sur son piédestal, au centre d'une vallée circulaire. Dans les plis moelleux de ce vaste amphithéâtre dont les bords en gradins courent jusqu'à la Méditerranée, nous n'apercevons que champs labourés, blés naissants et forêts d'oliviers. C'est dommage que des chênes-verts, des orangers, des grenadiers, des lauriers ne viennent pas comme à Athènes enrichir le tableau ; et cependant, malgré l'uniformité de sa flore, la plaine de Sébaste reste un des plus beaux sites de la terre de Canaan.

Certes, cet emplacement convenait, à tous égards, à une résidence royale, non pas seulement au point de vue esthétique, mais également au point de vue stratégique et même économique. Il n'est donc pas étonnant que d'Omri à Hérode, Samarie se soit maintenue et relevée de plusieurs désastres et n'ait pu être éclipsée que peu à peu par la concurrence prépondérante de Néapolis, qui est devenue Naplouse. Lorsqu'Hérode le Grand la reçut d'Auguste et changea son nom de Samarie en celui de Sébaste, il consacra des sommes folles à son embellissement, à en juger par les ruines encore existantes à cette époque.

Quand on gravit le chemin évidemment très ancien qui mène au travers des palais effondrés, il n'est pas possible de ne point avoir présentes à l'esprit toutes les scènes de la vie d'Elie et d'Elisée et l'on aimerait pouvoir interroger la poudre de ce sol voué à tant de sanglants combats. A droite et déjà au-dessous de nous, une vingtaine de fûts de colonnes encore debout : c'était l'amphithéâtre d'Hérode. A gauche, un peu plus haut, quelques vestiges de son palais ou peut-être du temple qu'il éleva en l'honneur d'Auguste, près d'une terrasse spacieuse que l'on utilise maintenant comme aire à fouler le blé. Suit une partie moins intéressante sans doute, mais dans laquelle il ne serait peut-être pas inutile de faire des fouilles. Nous arrivons à la porte de l'ouest, placée sur le bord du piédestal en face de la mer. Fontainebleau, Versailles, Blois, Windsor et Potsdam ont dû, par des tours de force de l'art, acquérir ce cachet de grande somptuosité qui sied à la demeure des rois, mais ici la nature se chargeait d'elle-même de fournir les éléments essentiels de cette mise en scène. Une description ne donnerait qu'une faible idée de la magie de ce site.

A partir de cette porte qui était, selon toute probabilité, la porte d'honneur, Hérode avait fait établir une colonnade de 15 mètres de largeur sur 1700 mètres de longueur. Les fûts hauts de 5 mètres existent encore en partie, les uns debout, les autres renversés, d'autres encore à moitié ensevelis sous les décombres. Les chapiteaux ont été précipités et utilisés sans doute ailleurs.

Nous avons fait en spirale le tour de la colline et entrons dans le bourg actuel pour y visiter une église du XIIe siècle, édifiée par les croisés sur l'emplacement présumé de la sépulture de Jean-Baptiste ; mais nous évitons d'avoir maille à partir avec les habitants, réputés pour leur fanatisme et leur mendicité. Il arrive en effet encore fréquemment dans cette contrée que les « forestieri » y sont traités en « stranieri » et y sont exposés à des lapidations, non pas seulement de la part des gamins, mais encore des hommes faits, aussi est-on obligé de se tenir un peu sur la réserve.

Jusqu'à Fendé Koumiyé rien de saillant, mais à cet endroit je suis heureux qu'il soit l'heure d'ouvrir les besaces, pour jouir pendant le repas de la perspective de la mer et des collines de Nazareth. Je ne sais pourquoi il me semble que de là m'arrive un souffle de la patrie lointaine. J'entrevois ces flots qui m'ont amené et qui m'emmèneront et peut-être est-ce ce rapprochement qui me fait envisager ce pays avec une admiration quelque peu émue. Je viens d'échapper aux coups de pierre. et déjà mon imagination rêve la colonisation de ces fertiles vallées d'Issachar que Jacob caractérise en disant : « Issachar est un âne sauvage, qui se couche dans les étables. Il voit que le lieu où il repose est agréable et que la contrée est magnifique.» (Gen. XLIX.)

Une heure après la halte de midi, nous chevauchons au pied de la colline escarpée de Sannoûr, l'ancienne Béthulie, dans une dépression marécageuse où, après de fortes pluies, il est imprudent de se hasarder. Puis, nous rentrons dans une zone de pâturages et de broussailles. C'est, dit-on, la contrée de Dothan. Qu'on veuille bien ne pas m'accuser de chercher à tout propos des coïncidences, si je note en passant que les petits pâtres de ce district ont des robes bigarrées et que le lieu pouvait bien attirer de fort loin des bergers nomades avec leurs troupeaux.

A trois heures nous croisons à Kabatiyé une caravane de chameaux. Le soleil, un moment obscurci, a retrouvé tout son éclat pour donner à cette vision toute sa couleur locale. Qu'on se représente des huttes de terre brune dans la verdure, des gazons opulents, en transparence, et sur ce fond vert or une longue file de chameaux fauves ou bruns, pesamment chargés, et marchant lentement, l'œil demi-ouvert, sans produire d'autre bruit que le tintement monotone de leur clochette. Quant aux chameliers, ils accompagnent la troupe sans proférer une parole, comme des gens qui sont en route depuis longtemps. On aura quelque idée de la poésie épique de l'Orient. C'est

17

silencieux, c'est doux, c'est primitif, et, par ce bout, cela touche à l'immuable, à l'éternel.

Vers cinq heures, nous atteignons Djennîn. Peu de haltes m'auront fait entrer plus que celle-ci dans les sensations de la vie arabe. La simplicité des logis, le pittoresque de ces habitations auxquelles l'Europe n'a encore rien donné, ni rien ôté, le plaisir d'être en Palestine, sans que les yeux se heurtent à des ruines, le hennissement des chevaux, l'immense ciel orangé et lilas, sur lequel se balancent les dattiers, la douceur de l'air, les bruits encore inconnus que le soir fait taire les uns après les autres, tout cela produit sur l'âme quelque chose qui tient d'assez près à une douce ivresse.

Le 18, j'écrivais dans mon journal que la nuit avait été sans sommeil. Ce que l'hôtel de Jérusalem, l'hospice de Bethléem, voire même la « locanda » de Jéricho m'avaient épargné, la natte de Djennîn me le réservait. Mais on peut à la rigueur endurer les démangeaisons, quand, pour y échapper, il suffit de tirer un verrou et de s'en aller contempler un splendide firmament ou d'observer les perquisitions d'une troupe de chacals qui réclament leur part des cadavres des bêtes mortes à la ville. Ma première occupation à mon réveil fut de rendre au propriétaire, au moyen d'une gymnastique énergique, tout ce que je redoutais le plus de lui enlever, et déjà à sept heures j'avais le pied dans l'étrier.

LA GALILÉE

CHAPITRE XII

La Galilée.

J'ai dit en passant combien la plaine de Saron m'avait paru belle dans sa grande simplicité; il avait fallu toute la fascination de Jérusalem pour en détacher mes regards, qui volontiers se seraient attardés à en suivre les ondoiements et à contempler ses exquises colorations. On sait qu'arrivé dans la ville sainte, je dus échanger le beau rêve contre les poignantes réalités : la ruine, victorieuse des plus solides assises et des plus puissants édifices du passé, la ruine aggravée par le moyen d'une administration détestable, la ruine visible partout sur ce sol ravagé par la malédiction. Des sommets de cette Judée presque uniformément pierreuse, j'étais descendu dans les vallons encaissés de la Samarie. J'y avais admiré et enregistré une foule de détails ravissants, j'avais passé au travers de ces riantes campagnes comme un papillon sur une prairie émaillée, mais — et ici encore je n'exagère rien — la Galilée me ménageait des joies d'artiste plus grandes et des impressions plus profondes.

Des voiles flottaient en tournoyant du levant au zénith, d'autres montaient de la baie de St-Jean d'Acre. A la porte du bourg, un cadavre de cheval, dépecé par les chiens, avait attiré des corneilles par centaines ; enfin les hampes élevées et blanchies d'innombrables chardons teintaient le sol d'une couleur de cendre... Tout cela était bien morne et en d'autres circonstances et ailleurs aurait donné un tour élégiaque à mes réflexions. Mais peu à peu le ciel hivernal se met en fête, la Galilée reprend son sourire, mon corps se réchauffe et mon cœur se dilate.

A chaque pas l'horizon s'agrandit. Le cadre, le voici : de Djennîn vers Haïfa au nord-ouest, sur un parcours de dix lieues, courent en droite ligne, comme les lames sur les plages océaniques, les collines pressées de la Samarie ; la ligne s'enfle à l'insertion du Carmel, puis retombe brusquement dans la Méditerranée. L'œil glisse de là vers le nord sur une longue surface de mer, et rencontre les monts de Galilée. Il suit à droite de Djennîn la crète plus mouvementée des collines qui le conduit à l'est au massif superbe de Guilboa, haut de 520 mètres, et retrouve le sommet où brille Nazareth. C'est dans ce vaste cirque que je vais passer toute ma journée. Un humus volcanique tendre comme le sol d'un manège décuplera en outre le plaisir de l'équitation.

De loin en loin, un fellah égratigne de sa charrue ce sol béni avec toute la mélancolie d'un homme qui ignore à quel point il est riche. Non ! je lui fais tort ; pas si ignorant que cela !... Mais la Turquie !!! Mais les Bédouins !!! Et puis, la clémence d'un tel climat aide tant à supporter la vie !

Ce sol est cependant d'une fertilité exceptionnelle. Notre science agronomique et nos engins y feraient des merveilles, mais ce n'est pas moi qui les y enverrais ! Parvenu vers dix heures sur le sommet de l'éminence de Jizréel, je pus embrasser dans toute son étendue la plaine de Méguiddo, et toutes les beautés de ces plans qui s'inclinent et se surcoupent sans un détail de trop, sans une maigreur, sans une pauvreté, sans une tache malheureuse, vinrent frapper mes sens comme une symphonie. Mais ce n'était pas tout. Tout en foulant sur la terre inculte les premières anémones fleuries, ces anémones blanches, rosées, lilas, violettes ou rouge-sang qui parviennent dans ce terrain redevenu vierge à une grandeur remarquable — je m'approchais de Soulem ou Sunem. La poésie du Cantique des Cantiques me pénétra.

Nous touchons aussi à la limite du district que Jésus a le plus parcouru. Sa bienveillance semble encore sourire à cette contrée dont il s'est enfui pour un temps. Je n'en donnerais pour preuve que ce petit Hermon, un bijou de montagne, sculpté comme un Praxitèle et tendu de velours vert tendre. L'émotion croît à chaque pas dans le silence de ces solitudes et par le caractère même de majesté du paysage.

Il n'y a sans doute aucune différence entre l'aspect des villages d'à présent et de ceux qui existaient là au temps de Jésus. C'étaient les mêmes maisons en terre et les mêmes clôtures de cactus. C'est dans ces demeures d'apparence chétive que ces grands miracles du Sauveur s'opéraient et que le peuple se les racontait comme les nouvelles du jour.

De Soulem nous allons visiter Naïn en contournant le petit Hermon du côté de l'est, un peu en dehors de la route directe de Nazareth. Là, nous serons sûrs d'avoir au moins sous les yeux la scène où eut lieu la résurrection du fils de la veuve.... O surprise! Voilà le Thabor!..

Qu'il est beau ! arrêtons-nous, asseyons-nous sur l'herbe et admirons. Il est là, tout simple, à moins de deux lieues, sa croupe elliptique projetée de derrière, une longue terrasse inclinée qui sert de second plan au tableau et sa côte unie, gazonnée, ponctuée seulement de quelques arbustes. Le ciel est à cette heure de cet azur fin dont on peindrait la grâce, si elle avait une couleur. Ajoutez à ces traits superbes le grand silence d'une cathédrale déserte.

Là haut, plus à gauche, Nazareth m'appelle, et comme l'enfant, c'est vers l'objet non encore vu que je cours de préférence. Je m'élance au grand galop de mon cheval vers cette patrie. Il était quatre heures, lorsque je gravissais la rampe assez roide qui conduit à l'entrée de la petite dépression, au fond de laquelle la ville de Jésus s'étale comme une nichée d'oisillons dans son nid. D'assez loin m'arrive avec la réverbération chaude du soleil couchant la rumeur d'une ville où l'on travaille. Les cris des enfants, le tintement sonore de l'enclume sont d'abord les seules notes distinctes que je perçois; la couleur et le son disposent également en faveur de Nazareth. C'est à peu de chose près le Nazareth de mes rêves. Le sera-t-il encore demain ? c'est ce que nous allons voir. Mais auparavant allons prendre logis à l'hospice latin, qui reçoit à toute saison les pèlerins, à quelque confession qu'ils appartiennent et moyennant gratification. Le père Giovanni, dans son froc brun de franciscain, fait les honneurs de la maison hospitalière avec une bonhomie, un humour, dignes d'éloge. C'est une jolie note de plus. On est à ciel ouvert sur la galerie circulaire du palier qui dessert les chambres du premier étage. Des géraniums, des véroniques en fleur décorent la balustrade de cet atrium. Le soir, les hirondelles viennent dormir sur les fils des sonnettes, le matin elles gazouillent à qui mieux mieux pour réveiller les dormeurs avant de partir. La chambre que je reçois n'est pas grande, mais très propre et confortable, et j'y serai aux premières loges pour observer le mouvement de la place où se tient le marché au bétail. N'y a-t-il pas là de quoi se plaire ?

NAZARETH

P. Robert

CHAPITRE XIII

Nazareth.

Ma première nuit à Nazareth m'apporta le plus doux sommeil que l'on puisse rêver. Mon cœur battait de joie, comme si Jésus eût habité dans la rue qui monte de l'hospice et que j'eusse pu lui faire une visite le lendemain matin. A la nuit tombante, j'avais regardé passer les jeunes gens, comme si l'un d'eux avait dû être le fils de Joseph, et mes pensées avaient subi cet attrait jusqu'au matin. A l'aurore, les hirondelles me dirent toute sorte de gentillesses, la journée s'annonça splendide et Fra

Giovanni s'informa de ma santé avec l'intérêt d'un homme qui va devenir votre ami. Dites, si la ville de Jésus n'a pas conservé quelque chose de son parfum ?

Avant d'entrer sous les voûtes de la vénérable église de l'Annonciation, qui est en face de l'hospice et que j'avais remarquée la veille d'assez loin comme l'édifice le plus imposant de la ville, je ne résiste pas au besoin de retrouver le Maître dans une des boutiques de menuisiers de la rue. Il y a des chaudronniers, des forgerons, des savetiers, des tisserands, des bijoutiers. Le bois de construction est rare. Ce n'est pas en Palestine qu'il faut aller chercher ces belles billes de sapin amoncelées devant nos ateliers de menuiserie, aussi a-t-on un peu de peine à distinguer, au milieu de toutes ces échoppes, laquelle pourrait ressembler le mieux à celle de Joseph. Cependant il y a moyen de s'accorder cette poétique illusion, et c'est un réel plaisir du cœur.

Les Nazaréens passent pour être turbulents ; à coup sûr, ils sont intelligents, actifs, entreprenants. Tout Arabes qu'ils sont, ils ne redoutent pas d'établir des moulins à vapeur. Cela dit beaucoup. Ces moulins ont donné naissance à un commerce de blés important qui a nécessité un entrepôt d'une étendue fort respectable. L'élève du bétail et la culture maraîchère y ont pris aussi une extension importante. Si l'on ajoute à tout ce développement de l'activité industrielle, rurale et commerciale, le fait que beaucoup de gens saluent l'étranger dans la rue, on se convaincra sans peine que l'influence chrétienne est à la base de ce mouvement et l'on ne sera pas surpris d'apprendre que sur les six ou sept mille habitants de Nazareth, les chrétiens sont en assez grande majorité : les Grecs d'abord, puis les Latins, enfin un groupe de protestants, résultat du labeur patient du missionnaire Huber, que M. Félix Bovet trouvait en 1857 nouvellement établi à Nazareth. Ce serviteur de Dieu, actuellement fixé à Gaza, est préoccupé de l'idée de fonder dans la ville du Sauveur un institut pour jeunes gens, qui ferait suite aux écoles primaires, établies par lui, et pendant à l'orphelinat de jeunes filles de la mission anglaise. Il demande que des dons lui permettent de réaliser ce projet, afin de contre-balancer l'influence catholique grecque de plus en plus prépondérante. Un temple s'est élevé, où l'Evangile est prêché chaque semaine par le missionnaire à demeure, mais cela ne suffit pas : des préventions, des rivalités éloignent beaucoup des lieux de culte. C'est en revanche par de bonnes écoles que l'on peut gagner les sympathies de la population, même musulmane, et agir à la longue et d'une manière profonde sur l'esprit des masses. Tous les missionnaires des pays mahométans s'accordent sur ce point, et n'attendent de succès sérieux que par le moyen d'écoles, mieux organisées que celles du gouvernement ou des églises latines et grecques.

Reprenons au bruit du marteau des artisans notre tournée par la ville. Toutes les rues et ruelles sont plus ou moins montantes sur le versant d'une colline allongée, qui gracieusement se promène autour d'un préau de deux kilomètres de longueur. Ces rues et ruelles sont pour l'Orient d'une propreté exceptionnelle, à moins toutefois que quelques pluies consécutives n'aient formé aux endroits non pavés des amas fantastiques de boue noire. Il faut voir en décembre les averses convertir en quelques minutes les artères les plus fréquentées en torrents furieux, qui emportent avec fracas de grosses pierres et le reste ! C'est le bonheur des gamins qui sautent jambes nues dans ces ruisseaux avec autant de gaîté que nos enfants en ont à peloter la première neige.

Nazareth s'agrandit et s'embellit. A côté de quartiers assez misérables, on voit s'élever des constructions en pierre taillée, avec porches en ogive et étages superposés. A côté du palais du gouvernement, je remarque l'herbe des toits de l'Ecriture, broutée par les poules et que le soleil de mars aura desséchée. Voici d'où elle provient : les constructions primitives, ici à Nazareth, comme dans une grande partie de l'Orient, consistent en pans de mur de deux à quatre mètres de hauteur, sur lesquels sont disposés des troncs d'arbres et des branchages. Sur ce solivage ou plutôt cette toiture à claire-voie est étendue une épaisse couche de glaise. Les femmes obligées de triturer cette terre y additionnent une quantité assez considérable de bale et de paille hachée que l'on retire des aires après la moisson. Ces détritus contiennent encore passablement de grain. Aussi lorsqu'avant la saison des pluies, une couche nouvelle a été étendue sur la croûte déjà formée et fendue par les ardeurs de l'été, c'est en définitive un champ que l'on a ensemencé. Après quelques averses, les toits se colorent du vert le plus tendre, et tout l'hiver restent ainsi parés. Ce mode de construction explique très naturellement aussi la descente du paralytique devant Jésus, d'autant plus que dans bien des cas, selon les nécessités du terrain, le toit d'une maison ou d'une rangée de maisons sert de dégagement à d'autres, construites plus haut.

Je fus frappé de trouver à Nazareth, contrairement à toutes les localités déjà traversées en Palestine, sauf Jaffa, des maisons dispersées à une certaine distance du groupe central.

Le peu de sécurité oblige les habitants à se tenir près les uns des autres. Jamais vous ne rencontrez une ferme isolée, un établissement horticole hors des abords immédiats des villes et des villages. De ce fait, les sites les plus séduisants s'empoisonnent de je ne sais quel air suspect qui tempère l'admiration, quand on voyage autrement qu'en peintre. Mais, ici, des maisons de campagne s'échelonnent jusque sur le sommet de la colline, offrant un séjour d'été plus frais aux Européens établis à Nazareth.

Quand j'aurai cité l'église de l'Annonciation avec toutes les chapelles établies sur le lieu traditionnel de la visite de Gabriel, de la maison et de la cuisine de Marie, de la maison de Joseph, puis la mosquée avec ses grands cyprès noirs, son gracieux minaret et sa coupole, les superbes haies de cactus qui encadrent les jardins, je vous aurai donné une idée assez complète de la ville de Jésus. Il nous restera cependant à faire une bonne halte à la fontaine de la Vierge. C'est là qu'il nous faudra aller surprendre la population féminine ; ensuite nous suivrons un moment un cortège nuptial et nous ne quitterons pas ce lieu béni sans être monté, comme en compagnie du Sauveur, sur les hauteurs fleuries où, sans aucun doute, il a dû se retirer souvent seul pour prier.

AUX PORTES DE NAZARETH

Marché au bétail à Nazareth.

CHAPITRE XIV

Aux portes de Nazareth.

Nazareth a passé sous nos yeux. Nous y avons trouvé, au milieu d'une population très arabe d'aspect et de mœurs, la vapeur, le télégraphe et le développement d'une prospérité acquise par le travail ; l'influence très prononcée de l'élément chrétien. Mais hélas ! -- je parle en peintre qui en veut à l'esprit moderne d'écraser sous le laminoir de l'uniformité toutes les originalités, toutes les poétiques inventions, tous les caractères intéressants de générations et de races indépendantes qui ont grandi dans leur milieu, qui ont vécu de leur vie, traduit fidèlement dans leurs mœurs, leurs habitations, leurs costumes, aussi bien que dans leur littérature et leurs traditions, le génie particulier, libre, spontané de leur âme — hélas ! dans ce charmant Nazareth j'ai aperçu les premiers signes de l'entraînement général, de cette bête moderne qui est la « mode » et j'avoue avoir frémi d'horreur devant les traces du monstre.

Si vous voulez, par exemple, vous faire une idée du costume de la Galilée, regardez de ma fenêtre les paysans arriver avec leur bétail sur la place du marché et s'y asseoir pour fumer leur chibouque ou encore ces cheiks montés sur de belles juments venir en ville traiter leurs propres affaires ou celles de leur tribu. Ne sont-ils pas superbes dans leur burnous noir ou jaune d'or et leur foulard de soie jaune serré à la tête par une couronne de deux gros cordons sombres ? Allez aussi à la « Fontaine de la Vierge » si vous voulez avoir vu un jardin vivant. Cette fontaine est la seule qui coule à Nazareth, que je sache. Aussi le soir et le matin y voit-on une foule de ménagères empressées ; jeunes et vieilles y arrivent avec leur jarre piriforme et avec leur langue. Lorsque, comme en décembre, l'eau est encore peu abondante, l'impatience se met souvent de la partie et donne lieu à un babil, à des protestations, des rires et des disputes sans fin. La loquacité des Nazaréennes n'est pas chose extraordinaire, mais en quoi ce groupe ne ressemble en rien à ce que l'Europe moderne a su inventer, c'est qu'il vous apparaît comme un parterre de fleurs du plus ravissant effet, une vraie gerbe de fleurs des champs. Étudié de près, le costume consiste en plusieurs pièces de couleurs variées où le rose, le rouge et les jaunes les plus riches dominent. Fidèles au principe suivi par le Créateur dans l'ordonnance des rayures des ailes et de la queue des oiseaux, les dames de Nazareth disposent toujours leurs raies dans le sens de la largeur, ce qui est très agréable à l'œil comme très conforme aux lois de la nature.

FEMME DE NAZARETH

A Jérusalem, j'avais été fréquemment réveillé par les hurlements et les lamentations des pleureuses. Ici je devais avoir le plaisir d'assister à une cérémonie nuptiale. Pendant deux nuits consécutives, le tambourin n'avait pas cessé de battre dans le quartier musulman. Un certain dimanche après midi, un cortège devait se former sur l'esplanade au bas de la ville, le fiancé en tête, et aller à la maison de l'épouse pour célébrer le dernier acte. Je vis tout d'abord une espèce de maître des cérémonies organiser la procession. Quelques hommes se groupèrent en ligne, épaule contre épaule, et se mirent à chanter en cadence un refrain que l'on pourrait écrire phonétiquement ainsi : Hauelèm, e hauelèm ! Hauelèm, e hauelèm ! Ils balançaient une jambe après l'autre ou portaient le corps en avant. Lorsque l'époux vint à cheval, ils se rangèrent en cercle autour de lui, toujours en observant le même rythme. Bientôt ils furent rejoints par une troupe de jeunes filles précédées du tambourin que l'une d'elles tenait sur son épaule en le frappant de la main gauche, tandis qu'une autre, par derrière, le frappait régulièrement de la main droite. Tout le monde se mit en route pour la ville, à pas lents. Le « hauelèm » continua presque sans interruption, ranimé parfois, lorsqu'il s'alanguissait, par l'adjonction d'un nouveau contingent. Tout ce monde avait l'air de se plaire, bien qu'on ne surprît ni un rire, ni une bouffonnerie, ni aucune déviation au cérémonial d'usage.

On sait que les Orientaux mettent le plus grand sérieux aux choses les plus insignifiantes de la vie. Cela peut nous paraître puéril, mais assurément tout témoin de cette scène sera émerveillé du caractère essentiellement poétique de cet usage. Au cortège devaient faire suite le banquet et le mariage proprement dit, aussi le tambourin se fit-il entendre encore toute la nuit suivante.

Je ne saurais quitter Nazareth sans mener mes lecteurs sur les collines diaprées de cyclamens roses, où nous trouverons le cadre qui convenait le mieux à la première partie de la vie du Christ. Nous verrons là à quel point l'œuvre de Dieu est une œuvre parfaite, puisqu'elle met en harmonie les traits distinctifs de cette grande figure, qui contient en elle-même toutes les aspirations et toutes les souffrances de l'humanité, avec le fond même du tableau. Rien ne m'avait préparé à l'émotion qui m'attendait lorsque, pour profiter d'une matinée toute printanière, je m'en allai cueillir dans l'herbe naissante les marguerites, les crocus, les iris, les cyclamens et arrivai au point culminant de la chaîne. Oh ! je m'en souviens : il me sembla que Dieu m'ouvrait une grande porte sur l'inconnu. Je me savais à 545 mètres seulement au-dessus de la mer, dans un coin perdu de la Galilée des Gentils, méprisé par Nathanaël, et voici que de ce lieu mes yeux pouvaient plonger tout autour dans des horizons sans limites. D'abord à mes pieds Nazareth et des coteaux qui se ramifient en tout sens, la vaste plaine de Méguiddo au sud et à l'ouest, celle de Sepphoris au nord, celle du Jourdain à l'est. Au troisième plan, les premiers contreforts du Liban, le Thabor toujours isolé et toujours beau, le petit Hermon encore charmant et les monts de Guilboa, la Samarie avec l'Ebal, le Garizim et ses mille collines, la longue chaîne du Carmel. Mais ce n'est pas tout: faute de plans indiqués ou de profils arrêtés, les profondeurs du levant et du couchant, les nuées presque imperceptibles de l'horizon conduisent l'œil sur des routes infinies. Voici la Méditerranée, voie navale pour la Grèce, pour Rome, pour Carthage, pour les Gaules, pour les Iles britanniques, l'Espagne, le Nouveau Monde ; voici les confins de Tyr, voie de terre pour l'Asie-Mineure, la Macédoine, les royaumes slaves et germains ; le grand Hermon, drapé dans ses neiges, vrai bastion de ces empires du nord si puissants dans leur absolutisme ; la contrée de Damas, chemin naturel des vastes steppes de l'Asie centrale ; l'immense terrasse de Moab qui s'enfonce si loin, si loin, que l'on arrive en Inde sans s'en douter et de l'Inde plus loin encore ; dans les rayonnements du midi, on cherche l'Arabie et cet océan semé d'îles qui sont de petits continents ; dans le brasier du couchant la pensée évoque aisément l'Egypte avec ses pyramides, sa gloire intellectuelle des premiers siècles de notre ère, et, derrière ces gloires éteintes, le grand continent noir tout rempli d'espérance.

Voilà ce que Jésus voyait, quand il venait ici après son rude labeur de la journée et qu'il enveloppait toute la terre dans ses bras de Sauveur. Son cœur bondissait à travers les espaces vers ces gens de toute nation, de toute tribu, de toute langue qu'Il allait arracher à Satan. J'aimais à me Le représenter à la place que j'occupais, loin du bruit de ses alentours et de la rue, seul vis-à-vis de Dieu et de ces grands horizons, méprisant l'ignominie en vue de la joie qui Lui était proposée, prêt à tout souffrir, à tout donner, à se donner Lui-même pour rendre heureux ce monde malheureux qu'Il embrasse du regard de sa foi et de son amour.

EN ROUTE POUR LE LAC

CHAPITRE XV

En route pour le lac.

Quand il fallut partir de l'hospice latin de Nazareth, j'aurais volontiers acheté la bourgeoisie de ce bourg aimable et mon imagination avait déjà fixé l'emplacement où, pas trop loin des habitations européennes, j'aurais construit une modeste demeure pour ma famille. Les souvenirs, la rusticité de l'endroit, la vue de la mer du côté de la patrie, le parfum des cyclamens, la beauté riante des costumes et cent autres détails, vus, entendus, respirés, éprouvés jusqu'au fond de l'âme m'avaient enveloppé comme les fils soyeux de l'araignée dans lesquels la mouche va s'entortiller. Aller à Tibériade, c'était tourner le dos à l'Europe et se replonger en pleine Asie, mais c'était aussi retrouver mieux que partout ailleurs la piste du Maître. Cet attrait dominait encore tout autre sentiment.

Un *moucâri* de Nazareth fournit les chevaux avec selle arabe, Fra Giovanni les œufs cuits et le rôti froid, le marché les oranges pour le dessert. D'ailleurs je ne disais qu'au revoir aux hirondelles de mon vestibule et aux palmiers du couvent. Le ciel m'avait souri, jusqu'ici, il aurait bien encore la bonté d'illuminer le dernier bout du voyage. En effet, il était le 31 décembre 1883 à Nazareth aussi aimable que chez nous en avril, quand avril est de bonne humeur.

L'arête assez vive de la selle avec ses appuis devant et derrière et le morceau d'étoffe de laine grossière qui la recouvre vous soudant au cheval, les jambes presque droites, met le novice à une assez rude épreuve le premier jour, surtout aux descentes. Heureusement le terrain est assez accidenté et les montées reposent de l'engourdissement. Nous n'allons trouver sur le chemin pendant sept heures que quatre localités, dont une est Câna. De loin déjà nous voyons le village dans un fouillis de grenadiers et, avant d'y entrer, nous abreuvons nos montures à une source superbe recueillie pittoresquement dans de larges bassins. Tout en lâchant la bride à mon cheval qui se désaltère, j'ébauche sur place, en esprit, un tableau fort joli des domestiques de la noce puisant de l'eau claire pour la porter à ce mystérieux convive qui la convertira en vin d'honneur. Le drogman prétend qu'il vaut la peine de débourser quelques sols pour prendre connaissance des urnes elles-mêmes. Pour acquit de conscience, je me laisse montrer ces témoins discutables de la scène et enfourche gaîment ma selle arabe, content surtout d'avoir retrouvé une circulation complète de mon sang dans mes jambes.

Je m'engage dans une vallée solitaire d'où je puis admirer les pentes boisées du Thabor. C'est le troisième côté que j'aperçois de cette belle montagne, sur laquelle je devais passer, quatre jours après, les heures les plus solennelles de ma vie. D'heure en heure seulement, nous rencontrons soit un passant, soit quelques laboureurs au travail. Le ciel s'est voilé, le pays assez monotone et la solitude font paraître la marche un peu lente. Impossible de trotter à cause des fondrières. Au milieu du jour, nouvelle halte, cette fois pour faire un modeste repas, silencieux comme le reste du voyage. Mais déjà les lignes mélodieuses annoncent une plus belle contrée, les grandes anémones rouges, violettes et rose pâle se rencontrent et dans une heure, au dire de Jean 'Aouad, je verrai le lac de Génézareth. En effet, je ne suis point trompé dans mes espérances. En maint endroit les champs sont couverts de moellons et du soc de sa charrue l'Arabe négligent retourne à droite la pierre que l'an dernier il avait poussée à gauche. C'est ainsi que la charrue passe et repasse sur les ruines de nombreuses bourgades, jadis prospères. La chouette et la buse y ont élu domicile selon la prédiction du prophète. Mais quel pays !!! Le penseur et le peintre sont également remués !

Quand je parle de la beauté de ces sites — j'ai déclaré souvent n'en avoir pas rencontré de plus impressionnants, — il faut que je m'explique. Je ferais preuve de grossière ignorance, si je prétendais qu'il n'en est point de plus grandioses, de plus riches, de plus séduisants, de plus originaux. Non, ce qui fait qu'ils m'ont paru uniques, c'est leur extrême simplicité.

Qu'on se représente des terrains sans arbres, presque sans buissons, bien que très fertiles, modelés en grands vallonnements, en longues terrasses inclinées, des profils doux comme des caresses, seulement ici et là une brisure de la roche, sculptée avec une grâce exquise. Quelle image indiquera mieux le calme, le repos ? N'est-elle pas gravée ici, sur le basalte noir de ces montagnes, cette parole du Lévitique, chap. XXVI, 34 : « Alors le pays jouira de ses sabbats, tout le temps qu'il sera dévasté et que vous serez dans le pays de vos ennemis ; alors le pays se reposera et jouira de ses sabbats ? » — Ajoutez à ces grandes silhouettes, à cette sobriété de détails, à cette absence presque complète de culture, le silence d'une terre inhabitée, et vous aurez une idée juste de cette partie de la Galilée que Jésus parcourait faisant du bien.

Les Korn 'Hattin passent pour être la montagne où Jésus a prononcé le discours des Béatitudes. Il n'y a là, en effet, rien d'invraisemblable. Je ne serais pas le premier à trouver que le mamelon oriental, posé comme une bosse de chameau, sur une large croupe, est un emplacement très approprié pour parler à un grand auditoire. Jamais nature plus sereine n'avait encore frappé ma vue. Pas une ombre au tableau. Un ciel bleu pâle, la terre comme fardée de vert tendre. *Gratia plena.* C'est encore aujourd'hui le fond de l'Evangile. Il me semblait avoir sous les yeux la plus belle page du saint Livre, illustrée par la main même de l'Artiste suprême. C'est une édition de prix que l'on ne feuillette pas tous les jours.

J'étais encore tout plein de cette vision, que déjà mon cheval m'avait amené à ce bord du bassin profond du lac, d'où l'on embrasse à peu près toute la nappe azurée, bornée à l'est par les montagnes des Gadaréniens et de Galaad, au nord par les collines qui courent au grand Hermon et à l'ouest par celles que couronne la montagne de Saphed. Je vous assure qu'on se tait devant ce spectacle ; aussi n'ai-je pas besoin de dire ce qui s'est passé en moi en face de ce lac. Il n'est pas un vrai croyant qui ne puisse se faire quelque idée de l'émotion qui vous saisit.

Il faut vingt minutes environ pour descendre, par un sentier escarpé, de ce belvédère à la porte de Tibériade. Tibériade avait, en 1883, 3000 habitants dont 1500 Juifs. Elle est bien pauvre et bien sale, mais ses palmiers, son beau soleil, l'imprévu de ses constructions, ses minarets, ses murailles de basalte noir aux joints cimentés à la chaux lui prêtent un cachet bien particulier.

C'est de nouveau l'hospice latin qui nous ouvre ses portes. Nos chevaux passent de la ruelle, où les enfants en haillons jouent bruyamment, dans une cour pavée. Tandis que nos montures font sonner leurs fers d'aise, pendant qu'on les desselle, le frère servant m'introduit dans les tranquilles corridors du couvent. Des sentences pieuses et des versets bibliques sont inscrits au-dessus des portes. A l'étage, un vestibule allongé, pareil à ceux que l'on voit souvent dans la maison de nos grand'-mères, c'est-à-dire simple et invitant, a vue sur le lac qui babille au-delà d'un jardinet amoureusement cultivé par les deux religieux de céans. Le Père Luc y est justement, absorbé par

JEUNE JUIF

la lecture de son bréviaire. Il va nous rejoindre avec sa bonne figure d'ermite et la conversation se prolongera jusque bien avant dans la soirée. La dernière heure de l'année 83 va sonner et je m'endors au bruit des vagues du lac béni de Génézareth.

LE LAC DE GÉNÉZARETH

CHAPITRE XVI

Le lac de Génézareth.

Sans craindre de tomber dans une idolâtrie, je me laissai aller en plein au plaisir, à l'émotion profondément bienfaisante et douce de contempler les objets, les horizons, de poser mes pieds sur le sol même que Jésus a en quelque sorte sanctifiés par sa présence. Ce 1er janvier 1884 restera un des plus beaux jours de ma vie. Objet d'une faveur bien sensible, j'allais pouvoir exécuter par une journée toute ensoleillée et une température de 20 degrés au moins, mon pieux pèlerinage à Capernaüm. Mon drogman a appris à faire route avec moi sans m'accabler de ses renseignements et de sa faconde. Il me précédera de cent pas en compagnie du « moucâri, » et moi je pourrai à mon aise chevaucher hors des sentiers battus, quand le terrain le permettra, ému parfois comme si la figure du Jésus des Evangiles se dessinait nettement devant mes yeux. Le son de Sa voix à certains moments semblera perceptible, tant le silence est profond et solennel. Le chant des oiseaux, gazouillements connus ou inconnus, allègres ou suaves, clapotements d'ailes au large dans l'eau tiède et scintillante du lac,..... et puis, cet éternel refrain de la vague qui joue parmi les blocs épars ou sur le sable du rivage, voilà à peu près tout ce qui va frôler mon oreille pendant dix heures de cette journée heureuse.

Je me mets en selle ; le père Luc, qui dans sa foi d'enfant attribue une vertu sanctifiante aux lieux saints, est à la porte pour me souhaiter un bon voyage. Je vois encore ce petit vieillard à barbe grise, dans sa soutane de franciscain, les traits amaigris par les jeûnes et une vie de souffrances, mais le regard doux et clair de l'homme qui a rencontré les rayons célestes ; son visage s'est vraiment épanoui d'avoir rencontré dans cette solitude de Tibériade une âme amoureuse de ce rivage qu'il aime lui-même comme sa patrie. Il insiste fort sur ce point : « Notre église ! » me disait-il, « est bâtie juste à la place de la pêche miraculeuse ! » Pourquoi pas ? La ville actuelle est à un bon kilomètre au nord de l'emplacement où gisent encore les vestiges de cette cité royale dont Jésus parait s'être toujours tenu éloigné... et pour cause. N'était-ce pas la ville de ce « renard » qui épiait sournoisement les pas du Galiléen ? Il y aurait donc méchanceté à contester l'authenticité de l'emplacement à ce candide croyant, puisque enfin on n'a pas de preuves à opposer à son assertion. Donc je le laisse à sa foi et je pars.

A cinq minutes de la porte de Tibériade, je me trouve déjà en face d'un tableau bien saisissant. Le lac est de ce bleu indigo et profond que prend une onde agitée par le vent d'est. A l'entrée d'un petit port naturel quatre barques — des barques toutes pareilles peut-être à celles de Pierre et de Jean — sont amarrées pour la préparation des filets; des hommes sont occupés à les dévider et, détail bien précis, l'un d'eux, tout nu, jusqu'à mi-corps dans l'eau, paraît s'être mis là exprès pour que je puisse mieux me représenter cette scène lue et relue maintes fois dans le XXIe chapitre de Jean. Avouez que c'était bien débuter.

La route se fait déserte, la montagne à gauche se redresse de plus en plus et élève ses hautes parois de basalte au-dessus du raboteux sentier jusqu'à Medjdel. Il y a là, dans ces hardis escarpements aux corniches gazonnées d'un vert tendre et dans la « gorge des Colombes, » qui s'éloigne brusquement à l'ouest pour enserrer plus largement la richissime plaine de Génézareth, des beautés de ligne et de couleur vraiment inimaginables. Au-dessous du chemin une falaise inculte et les hasards d'une rive caillouteuse parsemée de récifs et de blocs détachés de la montagne. A tout instant je vois se lever droit en l'air une espèce de martin-pêcheur, tout bigarré de bleu et de blanc, de la grosseur d'une tourterelle ; à trente pieds, l'oiseau à la grosse tête, au long bec, reste en place, battant des ailes et comme plié en deux ; le choix fait, une pirouette, une chute rapide comme la pensée et le poisson est saisi comme au milieu d'un éclair.

Nous approchons de Medjdel. Vous avez déjà nommé Magdala. De fort beaux palmiers s'élancent hors des bosquets aux verdures jaunissantes. Mais hélas ! c'est en vain que vous chercheriez une Madeleine dans cette demi-douzaine de huttes misérables ou sous les quelques tentes noires de Bédouins, qui ne sont ici que pour le temps des semailles et de la moisson, de décembre à avril. Ce que vous rencontrez, ce sont des mendiantes éhontées, enlaidies par la fatigue et la misère, flétries avant l'âge, hâlées jusqu'au bistre, les cheveux noirs emmêlés, à moitié couvertes de haillons noirs et bleus qui ont l'air de sentir le crime. Un bakschish et nous passons.

La scène change. La brise est tombée, le lac plus serein réfléchit plus d'éclat de soleil. La plage aussi s'est adoucie. C'est un banc de sable fin de dix mètres de largeur sur une longueur de trois kilomètres. A gauche toujours, non plus le précipice vu d'en bas, mais une grande plaine encadrée de la façon la plus poétique par un hémicycle de montagnes d'un lilas velouté. Entre la plaine bien trop peu cultivée et la grève, une large bordure de

taillis et de fourrés impénétrables, d'où s'échappent des sons étranges, doux, avec une teinte de mélancolie, poussés par des oiseaux qui ne connaissent que l'éternelle caresse du soleil. Dans ce dédale odorant, je ne puis nommer que les lauriers roses aux longues gousses vermeilles, les palmes sauvages, l'épine de Jéricho, les ombelles jaunes de l'anis, des roseaux prodigieux, dont les hauts panaches argentés frissonnent parmi les feuilles luisantes des aralias ; j'y retrouve aussi en grand nombre ce ravissant arbuste à feuille de chanvre et à fleur bleue en grappe de lilas, déjà admiré dans le lit du Kelt. En d'autres lieux et à une autre heure de ma vie, la splendeur de cette végétation m'eût absorbé complètement. Aujourd'hui, je regardais sans voir ; un autre enivrement possédait mes facultés. Combien de fois, en effet, le Maître n'avait-il pas parlé ici même à des foules, ou tout au moins n'avait-il pas longé ce rivage, accompagné des douze ? Tout ce que je vois autour de moi, il le voyait. Lui-même ne le voyais-je pas, ne l'entendais-je pas, lorsque, fermant les yeux sur les siècles qui ont amené et perpétué la ruine annoncée, je me transportais au temps de son passage dans ces lieux ? Je n'ai point à raconter ici ce que le « Rabbi » avait à me révéler dans une circonstance aussi providentielle, bien loin de toute clameur humaine et en face du sourire le plus aimable que jamais la terre m'ait laissé entrevoir.

. . . .

Mon cheval, après une heure de son pas lent sur le sable, entre jusqu'au poitrail dans les remous d'une petite rivière qui court au lac. Au pied d'une montagne à pente douce qui rejoint le rivage en cet endroit, se trouvent les ruines d'un khân et d'autres plus anciennes de l'époque romaine. Il y a là matière à conjectures et certains archéologues ont hasardé l'hypothèse que cette station pourrait être le Bethsaïda de Simon et d'André. Il est vrai que rien ne le prouve absolument. Nous continuons.

Voici, dans le coteau, qui de nouveau empiète sur le lac, une tranchée faite dans le rocher par la main de l'homme, pour faciliter la communication. Très évidemment, ce travail est fort ancien, plus ancien que notre ère, puisque ce passage conduisit de tout temps de Jérusalem à Damas par les eaux de Mérom : donc, Jésus a passé par ici ; dans ce défilé de quelque cent mètres, à une lieue de Capernaüm, vous l'eussiez rencontré très fréquemment. Le Père Luc aurait-il bien tort de croire à l'excellence d'un tel pèlerinage ?

Capernaüm va nous le dire. A l'endroit où la côte tourne vers l'est pour fermer le lac, on est assez d'accord pour placer le bourg des péagers. Mais qu'allons-nous trouver ? Sur un plan incliné de deux ou trois kilomètres carrés, si ma mémoire me sert bien, nous découvrons, au milieu de champs de chardons desséchés et d'herbe naissante, des monceaux de pierre plus ou moins épars, plus ou moins alignés, de pierre noire d'un ton funèbre, quelque chose comme un cimetière abandonné. Nous nous approchons d'un groupe de tentes brunes gardées par de mauvais chiens jaunes. La vie qui se dégage de ces sombres demeures ne diffère guère de la mort absolue, du moins elle en revêt bien des caractères. Près de là, notre curiosité est singulièrement mise en éveil par une ruine absolument dissemblable de celles qui l'environnent. Nous trouvons ici de noble marbre blanc et, mieux que cela, un art consommé, les restes d'un édifice somptueux..., peut-être la synagogue édifiée par la bienveillance du centenier ? Ce n'est pas moi qui l'aurai dit le premier. Des blocs entiers composant les architraves, des chapiteaux, des fûts de colonne et dans ce pêle-mêle, encore à leur place sur le dallage de pierre, les bases des piliers, alignées et d'aplomb, bref, de quoi recomposer tout un ensemble. Sur ces débris, les feuilles d'acanthe, les rinceaux, les rosettes, sculptées avec cette profusion facile et ce goût déjà un peu bâtard de la décadence romaine. On dirait un édifice écroulé d'hier.

De là, une grande vue sur le lac dans sa longueur, des montagnes à droite, à gauche et derrière ; mais de l'homme, mais de cette civilisation romaine, mais de cette puissance pharisaïque, mais de ces populations conquérantes ou tributaires ? Plus rien, à peine des ruines — Bethsaïda, absent — Chorazin, absent — Capernaüm, absent. — Tout a été rasé, et sur cette terre, découlant de lait et de miel, de graves Bédouins qui ne rient jamais viennent, sans la posséder, puisque cette Terre-Sainte appartient au sultan, semer quelques poignées de blé et s'en vont, une fois la récolte enlevée.

Je vous assure qu'on s'assied sur cette plage, on se prend la tête et les larmes vous jaillissent des yeux. C'est le deuil le plus complet dans le pays peut-être le plus beau du monde.

La journée a été bien pleine, il fait beau repasser dans sa mémoire tout ce que l'on a vu, dans la paisible retraite de l'hospice, à Tibériade.

AU THABOR

Tentes de Bédouïns près de Naïn avec la vue du Thabor.

[illegible] du Thabor.

CHAPITRE XVII

Au Thabor.

J'avais compris le Père Luc et Tibériade aussi filait autour de mon cœur une toile dont j'allais avoir grand'peine à me dégager. Le lac me chuchotait à l'oreille de si graves récits, la terre, avec ses velours émeraude et pourpre, me parlait un langage si noble, j'étais si loin du monde qui grince, qui trépigne, qui s'exalte et qui trouble l'air par ses dissonances et ses clameurs désordonnées, en un mot, j'étais si heureux sur les bords de cette mer de la Galilée, qu'il fallait un ordre suprême pour me décider à les quitter. Mais je l'avais entendu et je partis.

Je ne vous conduirai pas jusqu'aux rives du Jourdain, à l'endroit où, à sa sortie du lac, il commence ses beaux méandres entre ses berges boisées. Je ne vous ferai pas gravir non plus l'éminence sur laquelle certains archéologues croient avoir retrouvé la trace de la Tarichée de Josèphe, rendue célèbre pendant la lutte désespérée des Juifs après le sac de Jérusalem. Il y aurait bien aussi quelques remarques à noter sur ce qui existe encore de la Tibériade d'Hérode et surtout sur les fameux bains chauds, que l'incurie musulmane n'utilise que très imparfaitement. Mais je m'attarderais sur un domaine qui n'est pas le mien.

Rentrons à Nazareth et du haut de la côte promenons encore une fois nos regards sur ce beau cercueil. Ce linceul jeté sur ce cadavre d'un condamné à mort, a toujours été royal, et le 3 janvier 1884, vous l'eussiez trouvé comme brodé de nuances exquises. Oh ! encore quelques minutes... cet adieu coûte déjà si cher ! Enfin, courage ! un coup d'éperon, une volte-face et le lac aura disparu... Mais voici que devant nous se déploient ces amples mouvements de terrain dont nous avons parlé ; il faut leur sérénité, leur incomparable poésie pour oublier ce qui reste derrière. Pendant cinq ou six heures, je ne me lasse pas de voir se tourner lentement, l'une après l'autre, ces grandes pages, sur lesquelles quelque chose de tendre comme les récitatifs de Hændel semble inscrit.

Le Thabor apparaît, se rapproche, monte, monte au-dessus de tout ce qui l'entoure, monte presque jusqu'au zénith, fier de sa toison de chênes, de térébinthes, de caroubiers verdoyants que lui envient toutes les montagnes de la Terre-Sainte, hormis le Carmel. A ses pieds, des arbres séculaires ont échappé comme par miracle au vandalisme ottoman. Aussi voit-on surgir de partout, sous leur ombre bienfaisante, du sein d'un gazon touffu, les ravissantes corolles roses des cyclamens. Leur parfum nous suit tout le long du sentier en zigzag qui grimpe à travers les taillis, de degrés en degrés, jusqu'au sommet. La forêt cesse. Une porte en ogive percée dans un mur de clôture nous introduit sur le territoire des hospices latins et grecs, qui se sont partagé le plateau elliptique en deux parties à peu près égales. Sur ce terrain, qui n'a guère plus de 500 mètres de longueur, nous allons trouver, outre les bâtiments actuels affectés aux nombreux pèlerins qu'une tradition fautive attire constamment en ce lieu, les ruines d'églises fondées par les Croisés et d'une forteresse peut-être plus ancienne encore. Que le Thabor soit la montagne de la Transfiguration, cela n'est plus soutenable. C'est l'Hermon qui paraît avoir eu cet honneur. Mais ce que l'on ne peut enlever au Thabor, c'est sa vue merveilleuse, avec peu de variante, la même que celle de Nazareth, mais plus grandiose encore. Juché sur le pan de mur le plus élevé de la muraille, j'éprouvais le plaisir de l'aigle qui plane et qui voit tout autour, sans qu'aucune barrière vienne limiter son regard. C'est de là qu'il me fut donné de contempler un coucher et un lever de soleil que je n'oublierai jamais, parce que dans leur somptuosité ils furent pour moi, à ce moment-là, comme une révélation.

Le crépuscule était descendu pendant que j'avais pris possession de ma chambre à l'hospice latin. Je me hâtai donc de gagner l'endroit le plus dégagé du côté de l'est, d'où je pouvais revoir un coin de mon cher lac de Génézareth. Déjà son bel azur s'était plombé sous la nuit et l'immense Hermon blêmi dormait sur un horizon incommensurable. Dans l'éther violet un cumulus gigantesque, assis sur le colosse, entassait replis sur replis. Seul à ces hauteurs vertigineuses, il recevait encore l'hommage du soleil qui embrasait ses flancs d'ivoire, et sur le Thabor comme ailleurs, pas un bruit perceptible....!

« Ce n'est pas un langage, ce ne sont pas des paroles, dont le son ne soit point entendu. »

Et quand mes yeux passaient de cette majesté céleste aux fournaises du couchant, je n'apercevais au delà du

Carmel et de la Méditerranée qu'éclats de foudre et braises enflammées. Des terreurs de lumière répondaient aux solennités de la nuit..., un triomphe de puissance dans l'infini, et le char du triomphateur, en s'enfonçant dans les abîmes, me laissait pensif au milieu de ruines comme muettes de stupeur.

Je rentrai et au petit jour j'étais au même endroit, les joues mordues par le vent frais du matin. L'aube venait de réveiller des merles et des perdrix et leur rendait, avec la lumière, le besoin de louer à leur façon l'Auteur de la vie. Je m'amusai d'abord de leur babil, mais le ciel m'arrachait de plus en plus à ce jeu. Le soleil était sorti du fond des plaines de Basan et montait derrière un bandeau de nuages tendu de l'Hermon aux rives de la mer Morte, et qui semblait flotter sur un océan de lumière. De derrière ce rideau sombre, l'astre merveilleux épandait dans les mille vallons de Galaad et jusqu'au fond de l'immense tranchée du Jourdain des torrents de vapeurs opalines. C'est comme si un mystère génésiaque eût prêté à cette partie du tableau des proportions étonnantes. Mais ce n'est pas tout. J'ai dit à quel point la région comprise entre le Thabor et le lac est simple. De là-haut elle paraissait plus simple encore et la monochromie de l'ombre portée du nuage donnait à toute la terre que je dominais de plus de 300 mètres l'aspect d'un canevas étendu devant Dieu. Ici et là, et passant d'un endroit à un autre, le soleil brodait des reliefs magiques, teintés de rose, de vermillon, d'or et de lilas, comme des coups de la brosse du plus grand des peintres. En face de l'Orient, du côté de la mer, pareille à une lame d'acier bleui, je vois un arc-en-ciel s'allumer sur des cieux encore assoupis. Et lui aussi a son langage que je ne devais comprendre que plus tard, secret divin et précieux.

Longtemps je contemple et les splendeurs de cette vision m'émeuvent jusqu'au fond de l'âme. Et tandis que mon cœur s'applique à comprendre, les rayons d'argent s'élancent vers la voûte céleste et les nuées de s'emporter comme des chérubins au-devant de la clarté souveraine, et les brumes de tout l'horizon de se disloquer et de fuir, et l'arc-en-ciel de pâlir et la gloire des cieux d'illuminer toute la terre. J'avais vu et j'ai gardé.

LE DERNIER ADIEU

CHAPITRE XVIII

Le dernier adieu.

Il fallut redescendre dans la plaine, quitter le terrain des visions et retourner au champ de bataille. Adieu ! horizons infinis ; adieu ! Thabor sacré ! ton souvenir planera comme un sommet verdoyant au-dessus des orages et des brouillards de ma vie. J'ai appris là-haut que le merveilleux arc-en-ciel, reflet de la gloire solaire, n'est point un corps, ni un gaz dont il serait possible de conserver les éléments, mais un phénomène pur, dû à la réfraction des rayons solaires dans les gouttes de la pluie à un endroit quelconque du globe, en face du soleil ; qu'ainsi, pour reproduire la splendeur divine, il doit nous suffire de nous tenir humblement, comme n'étant rien, en face de Dieu ; s'il Lui plaît de mettre en lumière la grâce qu'Il épand sur nous, nous apparaissons tout brillants de la beauté céleste. C'était une grande leçon ; elle est encore vraie aujourd'hui ; elle le sera demain.

Pour gagner Haïfa, d'où le Lloyd devait me ramener en Europe, je fis une étape de deux jours à Nazareth. C'était un plaisir comme de revoir un vieil ami. J'étais depuis six semaines sans nouvelles de la patrie, grâce au fonctionnement pour le moins indolent de la poste ottomane. Heureusement un volumineux courrier vint arracher mon esprit aux regrets qui commençaient à l'assaillir et je prévins le « moucàri » qu'il eût à se tenir à ma disposition.

L'arrivée au port, par terre, devenait problématique à cause des pluies diluviennes qui se mettaient de la partie. Le troisième jour, le ciel parut des mieux disposés et nous partîmes sans trop nous préoccuper de la manière dont il faudrait passer le Kison. De Nazareth à Haïfa on met en temps ordinaire six heures, trois pour suivre les sinuosités agrestes et parfois richement boisées des vallons et trois pour franchir en diagonale la plaine d'Esdraëlon. Quelques semaines plus tard, j'en aurais fait une description enthousiaste ; ce jour-là, nos chevaux enfonçaient dans la terre molle, par places jusqu'à mi-jambes, et, de plus, une effroyable tempête empiétait de minute en minute sur le ciel bleu, avec des formes de nuages inédites et la fureur des embruns de l'Océan. Comme dans un cauchemar, pas moyen d'accélérer la marche. Par bonheur, la passerelle du Kison est encore là. Le pire est derrière nous, mais il y a encore une heure et demie jusqu'à la ville, et la nuée commence à crever. Enfin, une vraie noyade commence, avec grêle tranchante, bourrasque et le reste. A peine à destination, un gai soleil vint me rappeler que j'étais encore dans le pays de la promesse.

Je pris un logis confortable à l'hôtel de la colonie allemande.

Là, j'avais encore un pied en Palestine, l'autre déjà en Europe. Quitter l'une pour l'autre, c'était changer de planète, tant l'esprit en est différent. La cité arabe m'offrait encore le pittoresque le plus achevé dans les demeures, les costumes, les mœurs, les allures d'une race fière de son antiquité, jalouse de ses libertés, plus sollicitée qu'abordable, plus conservatrice qu'ambitieuse, s'offrant à l'Européen moins comme une alliée que comme une rivale. L'Arabe ne voudrait pas passer pour avoir quelque chose à recevoir de nous ; s'il doit subir l'envahissement fatal de la civilisation, il manifeste à son égard le plus orgueilleux dédain et conservera longtemps encore ce mépris pour nos usages occidentaux. Indépendance rare aujourd'hui, qu'apprécient d'autant plus ceux qui, indépendants eux-mêmes, savent estimer les traits originaux, les caractères entiers, les traditions respectées, les physionomies créées par l'âme d'un peuple. La tenacité du Musulman est sa sauvegarde ; il croit à l'excellence de sa cause et règle sa vie d'après un principe invariable et inviolable. A cet égard, il a de quoi nous faire rougir, nous autres chrétiens, qui cachons trop souvent, sous les beaux dehors d'un libéralisme intelligent, un manque absolu de convictions et de foi.

Cet antagonisme de race et l'hostilité sourde qu'il entretient chez l'Oriental envers nous, qui attisons ce feu constamment par notre maintien, notre hâte, notre absence de cérémonial, pour ne parler que des divergences extérieures, ce fanatisme enfin, toujours prêt à faire explosion, avait, il est vrai, jeté souvent un voile de tristesse sur mes impressions de voyage, de sorte qu'en remettant le pied sur une colonie européenne, j'échappais à ce sentiment douloureux d'isolement. Mais si, d'une part, je gagnais un bien-être relatif par la perte d'objets innombrables d'observation séduisante et d'étude admirable, d'autre part, je ne pouvais éviter dans la com-

VIEUX JUIF

pagnie de mes semblables l'ennui désespérant de la banalité moderne et de notre uniformité cosmopolite. Il est impossible qu'un artiste quitte notre monde, voie l'autre et rentre dans le premier sans emporter avec lui une souffrance dont il ne se guérira plus. C'est l'hommage que je dois à l'Orient.

J'ai beaucoup parlé du pays, quelque peu des Arabes, et n'ai presque rien dit des Juifs. Vers eux aussi se portaient mes pensées, en attendant l'heure du départ. Je les avais observés dans leur misère ignominieuse à Jérusalem, j'avais vérifié en plus d'une occasion la réalité de la sentence prononcée par l'Eternel, et qui suit immédiatement celle que nous citions à propos du repos sabbatique de certaines régions : « Je rendrai pusillanime le cœur de ceux d'entre vous qui survivront dans le pays de leurs ennemis ; le bruit d'une feuille agitée les poursuivra. » (Lév. XXVI, 36). Je rencontrais enfin à Haïfa des négociants israélites de Saphed d'une sournoiserie si typique, que mon cœur saigne en songeant à l'humiliation du peuple de Dieu. Je ne pouvais quitter le sol d'Abraham sans crier : Grâce, grâce ! jusques à quand, Seigneur ?

Je dois aussi une mention au Carmel. Il aurait perdu son nom biblique qu'on le reconnaîtrait encore à sa végétation touffue, plantureuse et au gibier qu'il abrite. La Parole divine l'a couronné à jamais comme pour servir d'espérance. Il s'élance joyeusement dans la mer qui, sans relâche, caresse ses flancs. La marée vient quotidiennement dérouler, sur les coquillages émiettés de la plage, de longues lames chatoyantes, avec un incessant grondement de tonnerre, pendant que le monde se transforme et que les conjonctures finales se préparent.

Le 11 janvier, avant de m'endormir pour la dernière fois sur la terre d'Israël, j'écrivais dans mon journal les lignes suivantes :

« Le bateau est annoncé pour cette nuit, la mer est apaisée, la lune rayonnante. Le pays des promesses, comme dernier adieu, m'a laissé contempler de ma fenêtre, au coucher du soleil, les collines de la Galilée et le Liban dans la vapeur ambrée d'un rêve. L'Hermon derrière les montagnes de Syrie, pareil à un immense lion de marbre, éclairait le crépuscule de son flanc embrasé ; puis, au-dessus de sa longue croupe, la lune monta, pleine, dans un ciel sans nuages, et tout s'estompa. »

A 1 heure du matin, je gagnai le port, un caïque m'amena au paquebot ; quelques manœuvres, quelques bruits de chaînes, encore quelques cris de bateliers, une demi-heure de silence absolu... et l'hélice se mit à tourner. Mes yeux avaient vu disparaître dans la nuit les derniers profils de la Terre-Sainte.

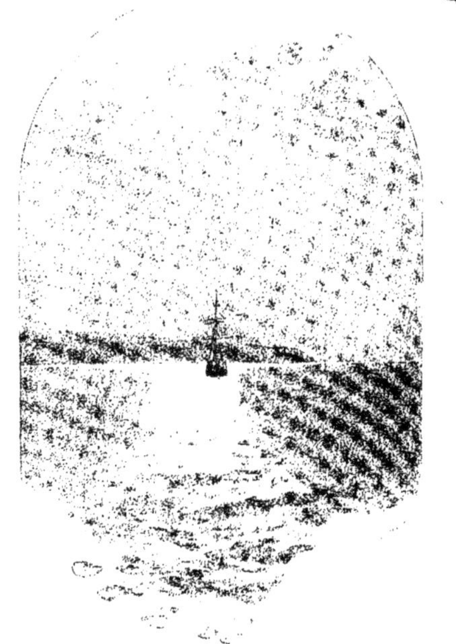

TABLE DES MATIÈRES

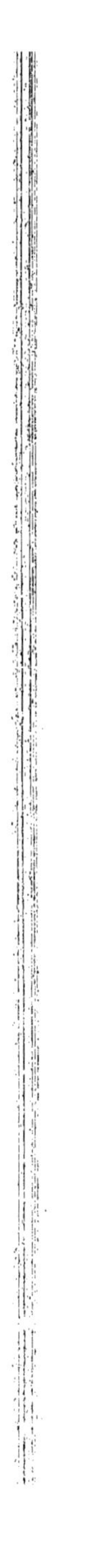

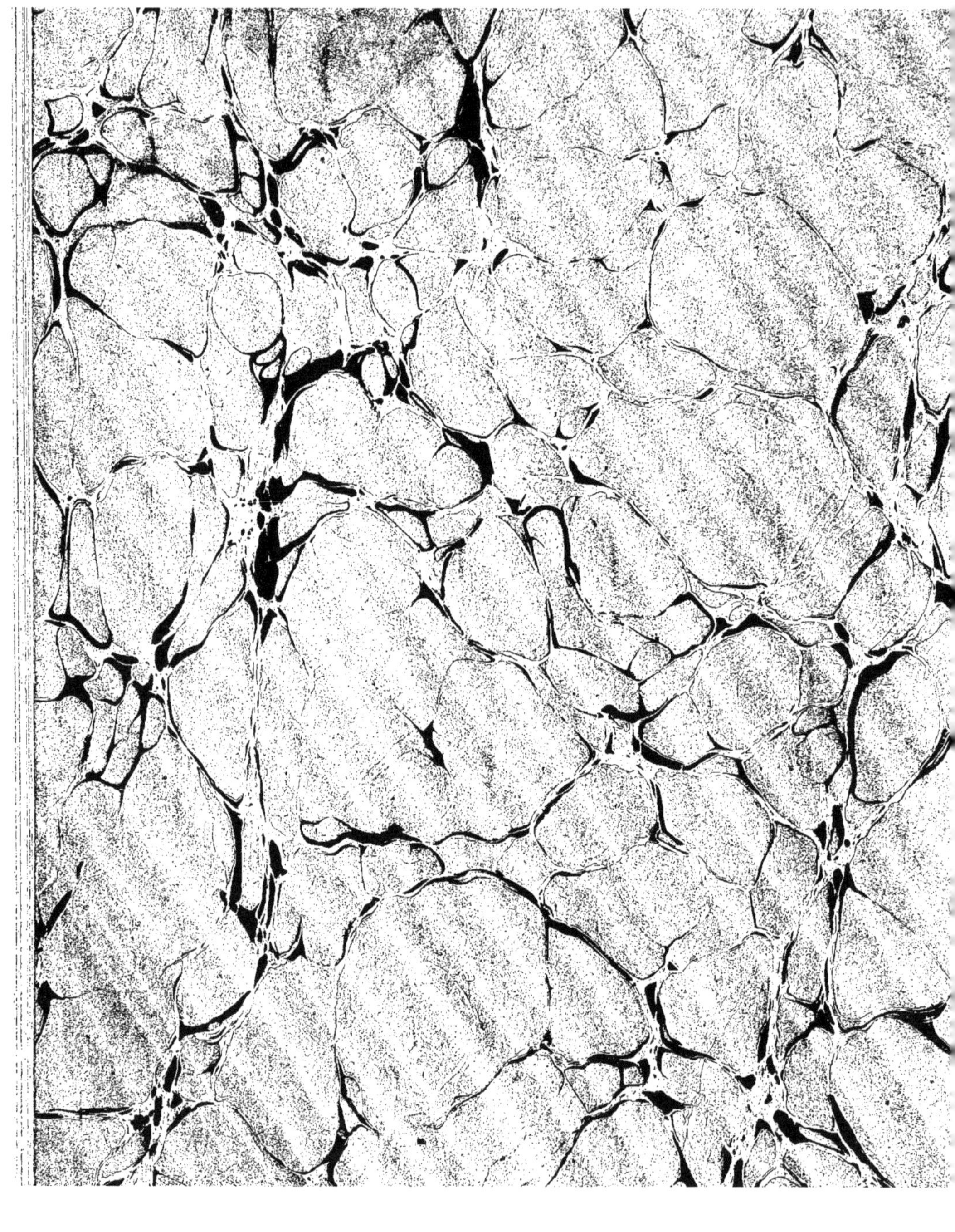

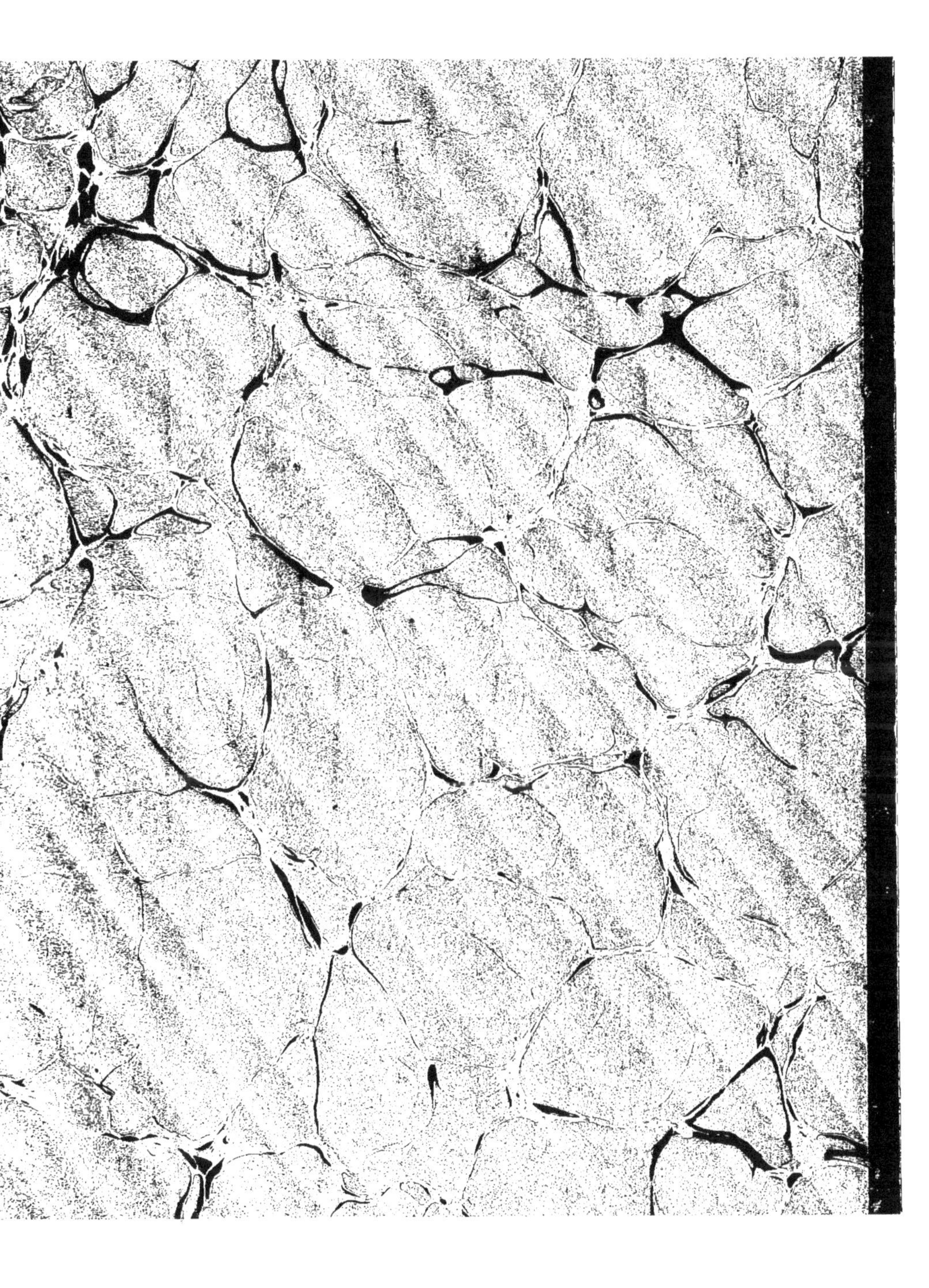

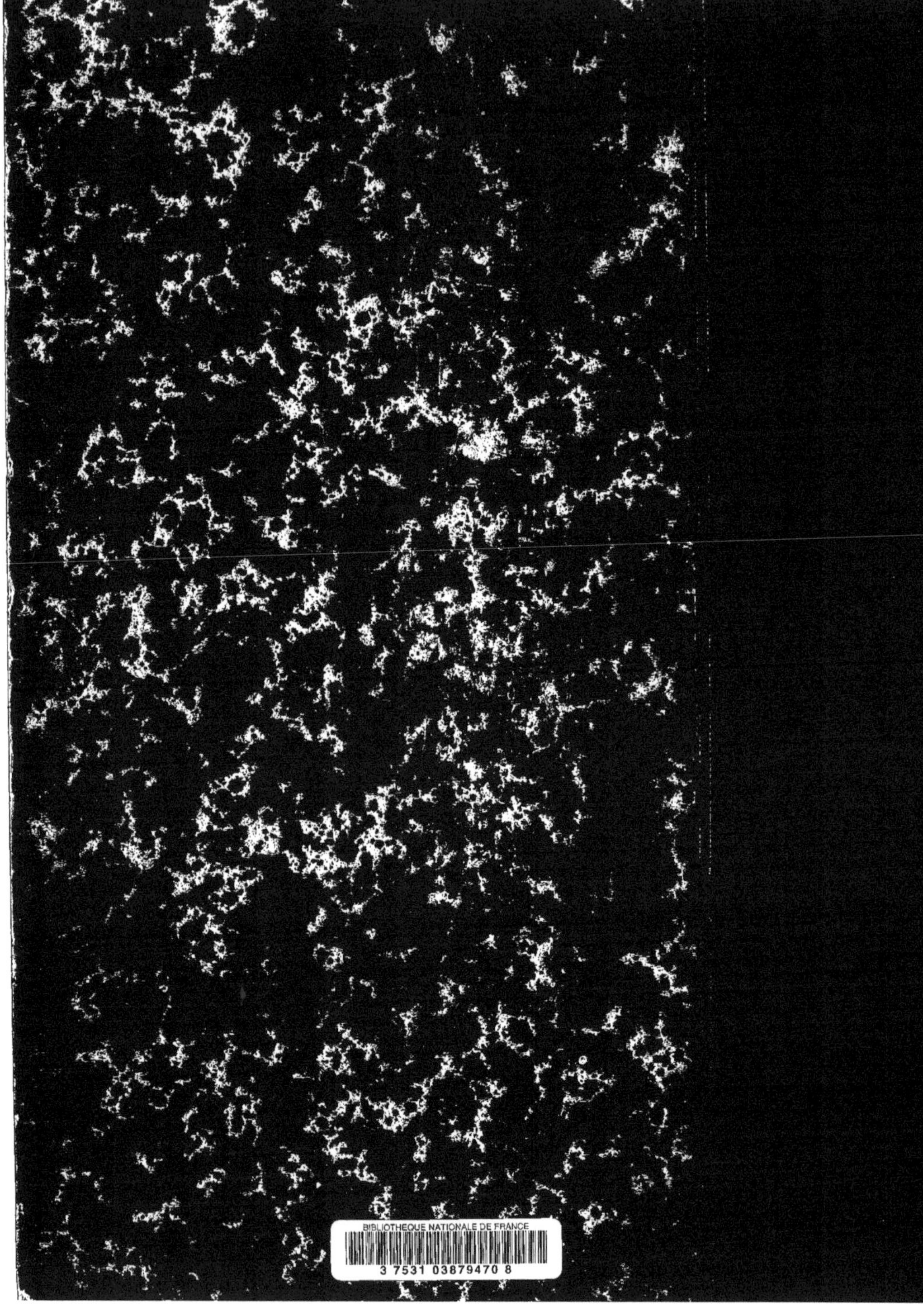

www.ingramcontent.com/pod-product-compliance
Ingram Content Group UK Ltd.
Pitfield, Milton Keynes, MK11 3LW, UK
UKHW020555230726
13926UKWH00005B/2020